史記卷六十

漢　　太史　令司馬遷撰

宋中郎外兵曹參軍裴駰集解

唐國子博士弘文館學士司馬貞索隱

唐諸王侍讀率府長史張守節正義

三王世家第三十

大司馬臣去病〔索隱 姓霍〕昧死再拜上疏皇帝陛下
過聽使臣去病待罪行間宜專邊塞之思慮暴骸中
野無以報乃敢惟他議以干用事者誠見陛下憂勞
天下哀憐百姓以自忘虧膳貶樂損郎員皇子賴天
能勝衣趨拜至今無號位師傅官陛下恭讓不恤羣
臣私望不敢越職而言臣竊不勝犬馬心昧死願陛
下詔有司因盛夏吉時定皇子位〔索隱 季夏之月令可以封諸〕明堂月可以封諸

一

侯是也

唯陛下幸察臣去病昧死再拜以聞皇帝陛下
下三月乙亥御史臣光守尚書令奏未央宮制曰下
御史六年三月戊申朔乙亥御史臣光守尚書令丞
非〔索隱 奏者或尚書令非耳丞非者狀有尚書〕下御史書
到言丞相臣青翟〔索隱 青翟莊也〕御史大夫臣湯〔索隱 張湯也〕太常臣
臣充〔索隱 趙充也〕大行令臣息〔索隱 李息任〕太子少傅臣安〔索隱 安也〕行
行宗正事昧死上言大司馬去病上疏曰陛下過聽
使臣去病待罪行間宜專邊塞之思慮暴骸中野無
以報乃敢惟他議以干用事者誠見陛下憂勞天下
哀憐百姓以自忘虧膳貶樂損郎員皇子賴天能勝
衣趨拜至今無號位師傅官陛下恭讓不恤羣臣私
望不敢越職而言臣竊不勝犬馬心昧死願陛下詔
有司因盛夏吉時定皇子位唯願陛下幸察制曰下

御史臣謹與中二千石、二千石臣賀等議〔索隱：賀公孫賀也〕：者裂地立國，並建諸侯以承天子，所以尊宗廟，重社稷也。今臣去病上疏，不忘其職，因以宣恩，乃道天子卑讓自貶以勞天下，慮皇子未有號位，臣謹……等宜奉義遵職，愚憃而不逮事，方今盛夏吉時，臣青翟、臣湯等昧死請立皇子臣閎、臣旦、臣胥為諸侯王。昧死請所立國名。制曰〔集解：徐廣曰作關〕：蓋聞周封八百，姬姓並列，或子、男、附庸。禮「支子不祭」，云並建諸侯所以重社稷，朕無聞焉。且天非為君生民也〔索隱：……〕。朕之不德，海內未洽，乃以未教成者強君連城，即股肱何勸〔索隱：……〕？其更議以列侯家之。

三月丙子，奏未央宮。丞相臣青翟、御史大夫臣湯昧死言：臣謹與列侯臣嬰齊、中二千石、二千石臣賀、諫大夫博士臣安等議曰：伏聞周封八百，姬姓並列，奉承天子。康叔以祖考顯，而伯禽以周公立，咸為建國諸侯，以相傳為輔。百官奉憲，各遵其職，而國統備矣。竊以為並建諸侯所以重社稷者，四海諸侯各以其職奉貢祭，支子不得奉祭。所以重宗祖禮也。封建使守藩國，帝王所以扶德施化。陛下奉承天統，明開聖緒，尊賢顯功，興滅繼絕，續蕭文終之後於酇〔索隱：……〕，褒……

屬群臣平津侯等〔索隱：高成鄉……〕，王封君得推私恩，分子弟戶邑，錫號，尊建百有餘國。而家皇子為列侯則尊……者諸侯王……昭六親之序，明天施之屬，使諸侯王封君得推私恩，分子弟戶邑，錫號，尊建百有餘國，而家皇子為列侯則尊……津鄉在滄州鹽山縣……南四十一里也……

珍倣宋版印

……則尊卑相踰，【索隱：謂諸侯王子已為列侯，是尊卑相踰越，而今又列位失序也。】列位失序，不可以垂統於萬世。臣請立臣閎、【索隱：齊王也。】臣旦、【索隱：燕王也，漢李姬之子。】臣胥【索隱：廣陵王也。】為諸侯王。三月丙子，奏未央宮。

制曰：「康叔親屬有十而獨尊者，襃有德也。【集解：周用白牡，殷牲也。】周公祭天命郊，故魯有白牡、騂剛之牲。【集解：騂，赤色，剛，用牲也。】【索隱：周牲也。】群公不毛，賢不肖差也。【集解：毛，純色也。】【集解：色也不純。】『高山仰止，景行行止』，朕甚慕焉。所以抑未成，家以列侯可。」

丞相臣青翟、御史大夫臣湯……中二千石、二千石、諫大夫、博士臣慶等議，昧死奏請立皇子……為諸侯王。……臣青翟、御史大夫臣湯昧死奏請立皇子……諸侯王。制曰：「康叔親屬有十而獨尊者，襃有德也。周公祭天命郊，故魯有白牡騂剛之牲。群公不毛，賢不肖差也。『高山仰止，景行行止』，朕甚慕焉。所以抑未成，家以列侯可。」四月戊寅，奏未央宮。

臣青翟、臣湯、博士臣將行等伏聞康叔親屬有十，武王繼體，周公輔成王，其八人皆以祖考之尊建為大國。康叔之年幼，周公在三公之位，而伯禽據國於魯，蓋爵命之時，未至成人。康叔後扦祿父之難，伯禽殄淮夷之亂。昔五帝異制，周爵五等，春秋三等，【集解：鄭玄曰，春秋變周之文，從殷之質，合伯、子、男以為一，則殷爵三等者是。】皆因時而序尊卑。高皇帝撥亂世反諸正，昭至德，定海內，封建諸侯，爵位二等。【索隱：謂列侯也。公羊傳……昭……】皇子或在繈褓而立為諸侯王，【正義】奉承天子，為萬世法則，不可易。陛下躬親仁義，體行聖德，表裏文武，顯慈孝之行，廣賢能之路，內襃有德，外討強暴，極臨北海，【正義：匈奴傳云，霍去病……】西湊月氏，【正義：音瑧。】【索隱：月氏，國名，在涼州……至月氏也。】匈奴、【正義：匈奴傳云……】西域，舉國奉師，輿械之費，不賦於民，虛御府之……

卒之半百蠻之君靡不鄉風承流稱意遠方殊俗重

譯而朝澤及方外故珍獸與天應彰今諸

侯支子封至諸侯王而家皇子為列侯

丞相臣青翟臣賀行御史大夫事太常臣充

臣旦臣胥為諸侯王四月癸未奏未央宮留中不下

之皆以為尊卑失序使天下失望不可臣請立臣閎

馬去病上疏言皇子未有號位臣謹與御史大夫

子太傅臣安行宗正事昧死言皇子未有號

臣湯中二千石二千石諫大夫博士臣慶等昧死請

立皇子臣閎等為諸侯王陛下讓文武躬自切及皇

子未教羣臣之議儒者稱其術或詩其心陛下固辭

弗許家皇子為列侯臣青翟臣等竊與列侯臣壽成等

二十七人議 [集解]徐廣曰蕭何之玄孫 皆曰以為尊

卑失序高皇帝建天下為漢太祖王子孫廣支輔先

帝法則弗改所以宣至尊也臣請令史官擇吉日具

禮儀上御史奏輿地圖他皆如前故事制曰可四月

丙申奏未央宮太僕臣賀行御史大夫事昧死言太

常臣充言卜入四月二十八日乙巳可立諸侯王臣

昧死奏輿地圖請所立國名禮儀別奏臣昧死請制

曰立皇子閎為齊王旦為燕王胥為廣陵王四月丁

酉奏未央宮六年 [集解]一云元狩 四月戊寅朔癸卯御

酉奏未央宮六年
日立皇太子閏參奉
未政奏東少圖各奉
常田亦言八四月二
卒少半百蠻之風承
英支午娃至蕭宋皇
鞫匠碑彈交半趙譯
又昔幽算卑夫宋蚩
文帝幾孫算蕭算王
還睡詔青蕢太詔實
下大朝詔宗五事蕭
思田去卻王詔蕭言
田蔑中二十百奏大夫卿士詔歎

立皇午田開奉算蕭詔英王對十蠻文方
午未蕚辈蕢父蕢蕢蕢辟其必
夫中宋皇午孫詔奏青辈蕢與詔蕢
二十人辈奏曰蕢太
卑夫央高皇帝敎天下孫大夫臣王
帝幸土蕚宋蕢義
監蕢士詔詔圖
賴婚蚩圖圖美
丙申奏未央宮大辈言詔史大夫事
未政奏曰圖各奔詔立
常田亦言八四月二十八日丁立蕚夫

右齊王策

御史大夫湯下丞相，丞相下中二千石，二千石下郡太守、諸侯相，丞書從事下當用者，如律令。維六年四月乙巳，皇帝使御史大夫湯廟立子閎為齊王，曰：於戲，小子閎〔索隱：按匈奴名子為閎〕，受茲青社〔集解：侯各以其方色。索隱：天子社廣五丈，東方青。封諸侯者，各割其方色土與之，苴以白茅，茅取其潔，封以為社。此受茲青社者，青土也，齊在東方，故受青土〕！朕承祖考，維稽古〔索隱：言當順古道能同古天〕建爾國家，封于東土，世為漢藩輔。於戲念哉！恭朕之詔，惟命不于常〔索隱：謂君若不圖義則不君子怠〕。人之好德，克明顯光。義之不圖，俾君子怠。悉爾心允執其中，天祿永終。厥有愆不臧，乃凶于而國，害于爾躬。於戲，保國艾民，可不敬與！王其戒之〔集解：徐廣曰無後絕也。八年無後，日絕〕。

維六年四月乙巳，皇帝使御史大夫湯廟立子旦為燕王，曰：於戲，小子旦，受茲玄社朕承祖考，維稽古建爾國家，封于北土，世為漢藩輔。於戲！葷粥氏虐老獸心〔索隱：葷粥古匈奴也，老獸無恩，言賤老老也〕，侵犯寇盜，加以姦巧邊萌〔索隱：萌，民也。三萌一蒼〕。於戲！朕命將率徂征厥罪，萬夫長千夫長，三十有二君皆來〔集解：晏曰時張〕，降旗奔師〔集解：如淳曰作僵師。索隱：降旗鼓而來服降也。旗旗，二軍中之將也。此下如意去旗則去，三之十二也，非云卸將軍昆將〕。葷粥徙域〔集解：張晏也，徙東晏曰〕遠處，北州以綏母〔索隱：蘇林云一母作怨〕毋俷德〔集解：徐廣曰俷，一作棐。索隱：菲音扉〕，毋乃廢備〔集解：張晏曰不晏應曰召〕。非教士不得從徵〔集解：備生常備備云言無乏也〕。

古本王策

卷六十

五

右燕王策

維六年四月乙巳皇帝使御史大夫湯廟立子胥為
廣陵王曰於戲小子胥受茲赤社朕承祖考維古
建爾國家封于南土世為漢藩輔古人有言曰大江
之南五湖之間其人輕心揚州保彊三代要服不及以政於戲保
惠乃順毋侗好佚毋邇宵人維法維則國艾民可
書云臣不作威不作福靡有後羞於戲保國艾民可
不敬與王其戒之

史記 卷六十 集解 徐廣曰六十四年自殺立

右廣陵王策

太史公曰古人有言曰愛之欲其富親之欲其貴故
王者疆土建國封立子弟所以褒親親序骨肉尊先
祖貴支體廣同姓於天下也是以形勢彊而王室安
自古至今所由來久矣非有異也故弗論著也燕齊
之事無足采者然封立三王天子恭讓群臣義文
辭爛然甚可觀也是以附之世家

褚先生曰臣幸得以文學為侍郎好覽觀太史公
之列傳中稱三王世家文辭可觀求其世家
終不能得竊從長老好故事者取其封策書編列

其事而傳之令後世得觀賢主之指意蓋聞孝武
帝之時同日而俱拜三子為王封一子於齊一子
於廣陵一子於燕各因子才力智能及土地之剛
柔人民之輕重為作策以申戒之謂王世為漢藩
輔保國治民可不敬與王其戒之夫賢主所作固
非淺聞者所能知非博聞彊記君子者所不能究
竟其意至其次序分絶文字之上下簡之參差長
短皆有意人莫之能知謹論次其真草詔書編於
左方令覽者自通其意而解說之
王夫人者趙人也與衞夫人並幸武帝而生子閎
閎且立為王時其母病武帝自臨問之曰子當為
王欲安所置之王夫人曰陛下在妾又何等可言
者帝曰雖然意所欲欲於何所王之王夫人曰願

置之雒陽武帝曰雒陽有武庫敖倉天下衝阸漢
國之大都也先帝以來無子王於雒陽者去雒陽
餘盡可王夫人不應武帝曰關東之國無大於齊
者齊東負海而城郭大古時獨臨菑中十萬戶天
下膏腴地莫盛於齊者矣王夫人以手擊頭謝曰
幸甚王夫人死而帝痛之使使者拜曰皇帝謹
使使太中大夫明奉璧一賜夫人為齊王太后子
閎王齊年少無有子立不幸早死國絶為郡天下
稱齊不宜王云所謂受此土者諸侯王始封者必
受土於天子之社歸立之以為國社以歲時祠之
春秋大傳曰天子之國有泰社東方青南方赤西
方白北方黑上方黃故將封於東方者取青土封
於南方者取赤土封於西方者取白土封於北方

昔晉武帝語何后曰王夫人入曰廬
王焓甚好置少夫人入曰塑下坐又何宜言
問且立爲王求其母左市自訽問少曰午當爲
王夫人入昔戲入少與謝夫入並幸左帝店主午間
古今寶昔自訽其意而誰鎗少
設昔訽意入莫之諭文字丁蘭少參差安
亰其意至其父宗令昔酒閒善病與昔不諭欲
非友聞昔訽非事聞齃與王寶牛酒行國
鞞别圈谷兒可不發與王其母火夫大夫宣著
采入兒少壷重緣昔崇午申寒午夫火罵生涼村閘
帝小重刣一千夫因午午皆諭瑞史上安午下
帝父求同曰店貝其三下爲王佳一午爲
其車店邳少令燕午昌膭寶主火訽意

者取黑土封於上方者取黃土各取其色物裹以

白茅封以爲社此始受封於天子者也此之爲主

土主土者立社而奉之也朕承祖考祖者先也考

者父也維稽古也念念者當順古

之道也齊地多變詐不習於禮義故戒之曰恭朕

之詔唯命之好德能明顯光不圖於朕

義使君子怠慢悉若心信執其中天祿長終有過

不善乃凶于而國而害于若身齊王之國左右維

持以禮義不幸中年早夭然全身無過如其策意

傳曰青采出於藍而質青於藍者教使然也遠哉

賢主昭然獨見誠齊王以慎內誠燕王以無作怨

無佻德誠廣陵王以慎外無作威與福夫廣陵在

吳越之地其民精而輕故誡之曰江湖之間其人

輕心揚州保疆三代之時迫要使從中國俗服不

大及以政教以意御之而已無俟好俟無適實人

維法是則無長好俟樂馳騁弋獵淫康而近小人

常念法度則無羞辱矣三江五湖有魚鹽之利銅

山之富天下所仰故誠之曰臣不作福者勿使行

財幣厚賞賜以立聲響爲四方所歸也又曰臣不

作威者勿使因輕以倍義也會孝武帝崩孝昭帝

初立先朝廣陵王胥厚賞賜金錢財幣直三千餘

萬益地百里邑萬戶會昭帝崩宣帝初立緣恩行

義以本始元年中裂漢地盡以封廣陵王胥四子

一子爲朝陽侯【集觧】括地志云朝陽故城在鄧州南八十里應劭云故城在朝水之陽

一子爲平曲侯【集觧】地理志云平曲縣屬東海郡又云在瀛州文安縣北七十

陽地一子爲南利侯　豫州上蔡縣東八十五里故城在最

里

愛少子弘立以爲高密王

正義 括地志云高密故城在密州高密縣西南四十里

其後胥果作威福通楚王使者楚王宣言曰

我先元王高帝少弟也封三十二城今地邑益少

我欲與廣陵王共發兵云立廣陵王爲上我復王

楚三十二城如元王時事發覺公卿有司請行罰

誅天子以骨肉之故不忍致法於胥下詔書無治

廣陵王獨誅首惡楚王傳曰蓬生麻中不扶自直

索隱 見荀卿子下弁

白沙在泥中與之皆黑者土地教化

使之然也其後胥復祝詛謀反自殺國除燕土境

埤北迫匈奴其人民勇而少慮故誡之曰董粥氏

無有孝行而禽獸心以竊盜侵犯邊民詔將軍

往征其罪萬夫長千夫長三十有二君皆來降旗

奔師葷粥徙域遠處北州以安矣悉若心無作怨

者勿使從俗以怨望也無俛德者勿使上背德也

無廢備者無乏武備常備匈奴也非教士不得從

徵者言非習禮義不得在於側也會武帝年老長

而太子不幸薨未有所立而旦使來上書請身入

宿衛於長安孝武見其書擊地怒曰生子當置之

齊魯禮義之鄉乃置之燕趙果有爭心不讓之端

見矣於是使卽斬其使者於闕下會武帝崩昭

帝初立旦果怨而望大臣自以長子當立與齊

王子劉澤等謀爲叛逆出言曰我安得弟在者

案昭帝早封在外實合有疑然帝崩春秋七八歲耳於高惠文權臣子當疑父疑之其由斯亦

輔政誅太子旦貪立遂得不疑武帝崩年纔

寵誅立幼而主弱遂能童嬖然亦當犬

不弘中宗遂令正道不順然犬亦當

太中令入於道不順然犬亦當使各燕咮非其之

大將軍子也欲發兵事發覺當誅昭帝緣恩寬忍

史

卷六十

抑案不揚，公卿使大臣請遣宗正與太中大夫公戶滿意、御史二人偕往使燕，風喻之。籍先見王，為列陳道昭帝實武帝子狀。侍御史乃復見王，責之以正法，問王欲發兵罪名，明白當坐之。漢家有正法，王犯纖介小罪過，即行法直斷耳，安能寬王。驚動以文法，稱引古今通義，國家大禮，文章爾雅。

【索隱】近故也。爾雅相承正義也。云其書作於正守教成。王又習於經術。最後見王，意益下，心恐。公戶滿意

〔有德者使為二人之名。不知時何入公戶二人姓名。皆往使治燕王。大夫是使為二人。又有侍御史〕

〔宗正者主宗室諸劉屬也。有異姓大夫以正骨肉。同姓宗正是也。內云言異姓太中大夫合言異姓是也。言周公〕

〔云解詩書作之。故云爾雅。近也。其以正異姓大夫內合言異姓是也。王以正骨肉蓋外有同姓大夫所以正異姓大夫內有異姓大夫所以正異姓也〕

謂王曰：古者天子必內有異姓大夫，所以正骨肉也；外有同姓大夫，所以正異姓也。

輔成王，誅其兩弟，故治武帝在時，尚能寬王。今昭帝始立，年幼，富於春秋，未臨政，委任大臣。古者誅罰不阿親戚，故天下治。方今大臣輔政，奉法直行，無敢所阿，恐不能寬王。王可自謹，無自令身死國滅，為天下笑。於是燕王旦乃恐懼服罪，叩頭謝過。大臣欲和合骨肉，難傷之以法。其後旦復與左將軍上官桀等謀反，宣言曰：我次太子，太子不在，我當立。大臣共抑我。云大將軍光輔政，與公卿大臣議曰：燕王旦不改過悔，正行惡不變，於是修法直斷，行罰誅旦，自殺，國除。如其策指，有司請誅旦妻子。孝昭以骨肉之親，不忍致法，寬赦旦妻子，免為庶人。傳曰：蘭根與白芷，漸之潴中

【集解】徐廣者潴米汁也。

【索隱】潴者洗也。音思。又酒音昌改反。

也，漸漬也。先糾反。

【索隱】白芷香草也。漸之潴謂洗也。音思。又酒音昌改反。

大司馬臣去病昧死再拜上疏皇帝陛下，陛下過聽，使臣去病待罪行間，宜專邊塞之思慮，暴骸中野無以報，乃敢惟他議以干用事者，誠見陛下憂勞天下，哀憐百姓以自忘，虧膳貶樂，損郎員。皇子賴天，能勝衣趨拜，至今無號位師傅官。陛下恭讓不恤，群臣私望，不敢越職而言。臣竊不勝犬馬心，昧死願陛下詔有司，因盛夏吉時定皇子位，唯願陛下幸察。制曰：下御史。

三月乙亥，御史臣光守尚書令奏未央宮。制曰：下御史。

丞相臣青翟、御史大夫臣湯、太常臣充、大行令臣息、太子少傅臣安行宗正事昧死言：大司馬臣去病上疏曰：陛下過聽，使臣去病待罪行間，宜專邊塞之思慮，暴骸中野無以報，乃敢惟他議以干用事者，誠見陛下憂勞天下，哀憐百姓以自忘，虧膳貶樂，損郎員。皇子賴天，能勝衣趨拜，至今無號位師傅官，陛下恭讓不恤，群臣私望，不敢越職而言。臣謹與御史大夫臣湯、中二千石、二千石、諫大夫、博士臣慶等議：古者裂地立國，並建諸侯以承天子，所以尊宗廟重社稷也。

言雖香草以米汁漬之無復香氣君子不欲附近
庶人不服者為漸漬然也以旦謀叛君子庶人皆
不附

近君子不近庶人不服者所以漸然也宣帝初
立推恩宣德以本始元年中盡復封燕王旦兩子
一子為安定侯〔正義〕在鉅鹿郡〔漢表〕立燕故太子建為廣陽
王以奉燕王祭祀〔正義〕幽州〔括地志云廣陽故城今在良鄉縣東北三十七里〕

王以奉燕王梁所

一千爲安宋宋 立燕姑大夫載爲彊閭

立郡因宣帝以本始元年中盡封燕王旦兩子

昔午下說入不那告泄以傳殺少宣帝立

燕人不那告泄米傳彊彊午不報

燕人言報草必爲彊昔臾彊人遂

三王世家 ○柯維騏曰太史公書原缺三王世家獨

其贊語尚存故褚先生取茸臣之議及封策書補

之

續蕭文終之後趙鄧索隱蕭何初封沛之鄧音贊後

其子續封南陽之贊音嵯也 ○臣照按年表鄧廢

而紹以筑陽筑而紹以武陽武陽廢而紹以

贊索隱于年表及蕭柜國世家俱只辨音贊之非

音嵯並無續封南陽應音嵯之鄧之說此處所云

不知何本且紹封筑陽改武陽亦俱並註明

傳曰蓬生麻中不扶自直索隱己下並見荀子 ○

臣照按蓬生麻中二語見荀勸學篇下文今本荀

于所無

偕往使燕風諭之索隱皆往使治燕王也 ○燕王監

本訛作廣陵今改正

傳曰蘭根與白芷漸之滫中 ○荀子勸學篇作蘭槐

之根是爲芷其漸之滫

史記卷六十考證

史記卷六十考證

史記卷六十一

漢　太史　令司馬遷撰

宋中郎外兵曹參軍裴駰集解

唐國子博士弘文館學士司馬貞索隱

唐諸王侍讀率府長史張守節正義

伯夷列傳第一

傳　[索隱]列傳者，謂敘列人臣事跡，令可傳於後世，故曰列傳。[正義]其人行跡可序列，故云列傳。

夫學者載籍極博，猶考信於六藝。詩書雖缺，然虞夏之文可知也。[索隱]刪詩為三百五篇，孔子刪書為百篇，[索隱]孔子求得黃帝玄孫帝魁之書迄于秦穆公凡三千二百四十篇，斷遠取近定可以為世法者百二十篇，以上二十篇為尚書，中候百二十篇。詩本三千餘篇，孔子刪為今三百五篇，故云書有百篇之內見是虞詩夏書，禪讓之事，故云虞夏之文可知也。

堯將遜位，讓於虞舜，舜禹之間，岳牧咸薦，乃試之於位，典職數十年，[正義]十餘年然後踐，帝位。舜禹皆然。功用既興，然後授政。示天下重器，[索隱]言天下者大器，故莊子云是天王者云是天王者，王者大統，傳天下若斯之難也。[索隱]言天下者，故器之大器則是也。

而說者曰：堯讓天下於許由，[正義]皇甫謐高士傳云堯舜之時有隱士堯致天下於許由，由於是遁耕於中嶽，潁水之陽，箕山之下，堯又召為九州長，由不欲聞之洗耳於潁水濱時有巢父牽犢欲飲之見由洗耳問其故對曰堯欲召我為九州長惡聞其聲是故洗耳巢父曰若處高岸深谷人道不通誰能見汝汝故浮游欲聞求其名譽汙吾犢口牽犢上流飲之許由死葬此山亦名許由山在洛州陽城縣南十三里，許由不受，恥之逃隱。及夏之時，有卞隨、務光者。[索隱]莊周讓王篇云堯以天下讓許由，不受及隨務光者亦見莊周讓王篇。此何以稱焉？

太史公曰：余登箕山，[索隱]楊惲東蓋箕山高士傳以許由墓在箕山故曰箕山亦名許由山其上蓋有許由冢云。孔子序列古之仁聖賢人，如吳太伯、伯夷之倫詳矣。余以所聞由、光義

珍倣宋版印

光義至高〔索隱　莊子云堯讓天下於許由，許由不受，恥之逃隱。及夏之時有卞隨、務光者，務光負石自沈於廬水。〕

其文辭不少概見，何哉〔索隱〕

哉〔實公〕說者之文，按説者之文，誕之言，謂説之文略也……

孔子曰：伯夷、叔齊不念舊惡，怨是用希。求仁得仁，又何怨乎？余悲伯夷之意，睹軼

詩可異焉〔索隱　餓死謂睹其軼詩也。軼音逸。百篇之外逸詩。其傳蓋韓詩外傳及呂氏春秋也。〕

是歸怨矣〔者采薇之詩，怨詞也。按論語詩云求仁得仁又何怨〕

其傳曰伯夷、叔齊，孤竹君〔索隱　其傳蓋韓詩外傳及呂氏春秋也。其君蓋夷齊之父也。名初字子朝。伯夷名允字公信。叔齊名智字公達。〕

之二子也〔索隱〕

父欲立叔齊，及父

名傳姓墨胎氏。〔正義　括地志云孤竹故城在盧龍縣南十二里，殷時諸侯孤竹國也。〕

寅南〔括地志云令支縣有孤竹城，古孤竹國也。應劭云令支縣有孤竹城，古伯夷之國也。〕地十二里志二地志云

卒叔齊讓伯夷。伯夷曰：父命也。遂逃去。叔齊亦不肯

立而逃之，國人立其中子。於是伯夷、叔齊聞西伯昌

善養老，盍往歸焉〔索隱　盍音何，蓋言何不往就西伯也。〕及至，西

伯卒，武王載木主，號為文王，東伐紂。伯夷、叔齊叩馬

而諫曰：父死不葬，爰及干戈，可謂孝乎？以臣弒君，可

謂仁乎？左右欲兵之。太公曰：此義人也。扶而去之。武

王已平殷亂，天下宗周，而伯夷、叔齊恥之，義不食周

粟，隱於首陽山，采薇而食之。〔集解　馬融曰首陽山在河東蒲坂華山之北，河曲之中。〕及餓且死，作歌，其辭曰：登彼西山兮，

采其薇矣〔索隱　薇蕨也。爾雅云蕨鼈。小豆也，蔓生。正義　其陸璣毛詩云薇山菜也，莖葉皆似小豆，藋生，其味亦如小豆，如詩云采薇是也。〕以暴易暴兮，不知其非矣。神農、虞、夏忽焉沒兮，我安適

歸矣〔索隱　首陽山一名雷首山，在河東蒲坂縣。〕于嗟徂兮，命之衰矣。〔索隱　言己徂逝，今日餓死，亦是運命之衰薄。徂亦訓往，言往死也。〕遂餓死於首陽山。

三一

…善人若伯夷、叔齊，可謂善人者非耶？[索隱]此人可謂善人者也耶，又疑辭也。

積仁絜行如此而餓死。[索隱]糟糠不厭，言飲食不飽也，然顏子一簞食、一瓢飲之所未饜。且七十

子之徒，仲尼獨薦顏淵為好學。然回也屢空，糟糠不厭，而卒蚤夭。天之報施善人，其何如哉？[正義]黃帝時柳下惠之弟盜蹠，按石蹠者反。盜

蹠日殺不辜，[索隱]言盜蹠殺人取其肝而食之。肝人之肉，[索隱]取人肝而食之。[正義]按劉氏云生食人肉，謂生剥人取其肝。暴戾恣睢，[索隱]恣睢音如字，暴戾惡也，恣睢自用貌。[正義]恣音資，暴戾惡也，睢音休，恣睢自用貌。聚黨數千人橫行天下，竟以壽終。[索隱]壽終，是言其盜人路遇賢而殺之。是遵何德哉？[索隱]言盜蹠無道而天致之，令壽終，致有惡德而竟以壽終也。此其尤大彰明

較著者也。[索隱]較音角，著明也。若至近世，操行不軌，專犯忌諱，而終身逸樂，富厚累世不絕。[索隱]若晉獻、襄、桓、靈比皆是也。[正義]盜泉，謂時然後出言，或擇地而蹈之，[索隱]謂滄浪之水足時然後蹈出之也。時然後出言，行不由徑，[索隱]滅明之澹臺，行不由徑也。非公正不發憤言，[索隱]洲仕之暗濱是不飲泉，謂裹足北郭、駱山、鮑焦之等是跡也，滄時然後出言，夫行言行不由徑。

盜名故以柳下放古號之盜蹠，今宇又河北齊平二陵十里縣北盜蹠縣地同云潼盜蹠冢在陝鄉路家因。[集解]農華陰案山潼皇覽卽郷亦音潼括地同盜蹠冢地陽縣盜水路名陝。

（中欄大字）殺不辜，[索隱]見莊子為篇名，並音蹠，石按蹠者反，黃帝時柳下惠之弟。

不厭，[索隱]言飲糟糠之也，妻謂顏也然顏回一簞食、一瓢飲之所未饜。

十子之徒，仲尼獨薦顏淵為好學。然回也屢空，糟糠不厭，而卒蚤夭。天之報施善人，其何如哉？[正義]…。

善人若伯夷、叔齊可謂善人者非耶？[索隱]云：此人可謂善人者也耶，又疑辭也。積仁絜行如此而餓死，且七

（左側）彼陽西山北是明今清歧陽西山北是明今清夷源處山也在……齊首死陽山也在……

吾下行闈二周于德遺伯至其世叔齊首乎……

聞詳古莊周二周于德遺伯至其任岐陽五文亂見武……

傳避居書北……齊師延之西……

避及紂諸居書北治夷師延縣之西北征……

首陽山有山在夷海之齊隴西祠……

邪其[索隱]云非太史是史公怨公言邪邪言邪是史……齊北餓疑……

至憂而餓大道死之時。遂餓死於首陽山，由此觀之，怨邪非邪？

而遇禍災者，不可勝數也。

【索隱】言勝數或謂致命逢善惡之報，或昧或彰，故窮達先通皆會數也。

余甚惑焉，儻所謂天道，是邪非邪？

【索隱】謂人臣之感激發憤，或出忠正，非公正深惑焉。正謂伯夷之行不由徑路，非公正不發憤，而遇禍災者，比干逢屈遇平禍災，伍胥者，為史胥者。

子曰：道不同不相為謀，

【正義】言道不同，於孔子道不同，一言證其前。

亦各從其志也。

【集解】運志遇亦意各異趙道玄可求而富貴得貴賤之不同。

故曰：富貴如可求，雖執鞭之士，吾亦為之。

【正義】天史道公人引言太史公引我德以得之得富貴賤之職，當修之得，亦德以求之。

如不可求，從吾所好。

【集解】天道儻不音敢他之玄言反行聽惡聽遺趙道儻詞也。

歲寒然後知松柏之後凋，

【集解】松柏少何凋晏傷曰平大歲寒之木後凋平眾之木後凋。

松柏之後凋，

【索隱】代凋松柏之之濁老松柏混濁老。

如不可求從吾所好者，

【正義】君處之國治於家昏亂潔清者亂，士曰清潔昏，若此苟合言趙張盜本路也。

混濁清士乃見，

【索隱】混濁老混代凋。

與須歲寒同然在後別濁之士後，

【集解】其志運遇亦意各從。

為謀亦各從其志也，

【正義】為天道儻不音敢他道鄭可玄的蕩之若。

天道是邪非邪，

【索隱】非未禍或之趙先通達數皆會故窮。

子曰道不同不相為

謀

以其重若彼其輕若此哉，

【索隱】彼采薇謂伯而謂重謂重若若輕。

君子疾沒世而名不稱焉，

【正義】重其若富此厚也累，重其輕若此。

又一解由禍災操行是行其不軌。

【索隱】代是重其盜若死讓自伯等公正夷此得以是從己徇夫之下輕發，
餓死，夷齊謂讓之德之輕謂重。

撰于等夷等也齊。

而行廉論直言名己名。

齊顏公顏回欲回漸潔見行。

士徇名夸者死權，

【索隱】至死徇言者言休貪故權勢云。

貪夫徇財，

【正義】云貪財冒眾之卸貪死以權孫夸以夸特秕其。

賈子曰，

【索隱】賈作鵬鳥誼。

公賦引云夸而稱故太然之。

史名公引而夸引史作特眾庶史。

生，

【索隱】誕生者生音生。

也。史鄒馮誕者生者作特眾庶史馮也，記烈士之馮之義特秕。

士徇名夸者死權，

同類相求，

【集解】潤謂成其相而柱礎。

並繫辭已下文。

從虎，

【集解】風與張蕭曰猶龍言舉雲而從景龍屬風從虎嘯而谷聖人作。

同明相照，

【正義】同明相照。

雲從龍風

而萬物覩

【集解】馬融曰聖人起而居位則萬物之情皆引得覩見者故謂
【索隱】又引此句見者

聖人起作起也萬物之情
聖人作而萬物覩馬融居作起也
萬物之情

【正義】此感應也識此也

己人今有日又養生得
聖人今人當有言故著萬言物世
有情長之養重之情
故相感此

相以感上者至欲見明述相
照作是周史
以言故自作周史
公記意合易乾物象
意百物有辭睹也也太史
斯有小紹乎能讓易
先己人當自作

詩卒書後禮至己
序書後禮至先己當
百傳歲於著至
詩書後禮至己當

故云長易於著天地
和禽獸春秋草木辨是非牲雌故樂體
和世書反以之導正事莫詩近以於達春秋易
亂世書反以之導正事莫詩

夷叔齊雖賢得夫子而名益彰
顏淵雖篤學附驥尾

得名太史公著述萬物雖世有事生益養覩之見性
而行益顯蠅附驥因附而名致千里而名

舍有時若此類名堙滅而不稱悲夫
【正義】趣音娶趨向也趨舍捨舍

行立名者
【正義】大之士何得封侯爵賞而名留後代也託也

非附青雲之士惡能施於後世哉
【索隱】述贊曰天道平分與善徒云命得自前聞崖且
彼青雲士不附
聚羣吉凶倚伏報施糾紛于嗟

史記卷六十一

嚴穴之士趣
閭巷之人欲砥
行立名者

伯夷列傳〇監本有小註云索隱本伯夷傳第一老
子莊于韓非同傳第三索隱云二人教跡全乖不
宜同傳先賢已有成說今則不可依循宜令老子
尹喜莊周同傳其與韓非可居商君傳末正義本
老子伯夷列傳之首正義曰老子莊于開
帝之時佛教未與道弁列傳之首處亥齊上然漢武
元二十三年奉勑取老子居列傳之首也蓋唐
制御邪人未有佛教故莊於申韓之上
今既佛道齊妙與法流理居列傳老莊从申韓為
崇老教謬取老子居列傳首而與伯夷合為一卷
甚為無謂夫義激世莫先伯夷而老莊法意流
為申韓太史公敍述自有深意豈宜妄為軒輕今
以伯夷傳居首為一卷次以管晏為一卷次以老
莊申韓為一卷以復太史公之舊云臣照按升老
子于伯夷之上誠為開元時謬見而張守節之
民可嗤笑明監本改依太史公之舊是矣但不著

改之者之名不知語出何人今若仍刊卷首後人
讀之轉生迷惑是以刪去其小司馬議史公老
于韓非同傳欲加改竄殊屬無謂亦刪焉而著
夷管晏列傳全以議論行文與別傳迴別何獨致
疑于太史公曰四字也登箕山而見許由冢者蓋
司馬談遷蓋述父語云爾
自東漢後漸有其辭馬遷之時惡有是哉其作伯
余而加太史公曰也〇臣照按史家所為史贊者
太史公曰余登箕山索隱蓋楊惲東方朔見其文辭
之于此
豈以其重若彼其輕若此哉〇索隱謂伯夷讓德之重
若彼采薇而餓死之輕若此又一解云操行不軌
富厚累代是其重若彼公正發憤而遇禍災是其
輕若此也正義謂盜跖等也輕謂夷齊禍由光等
也〇顧炎武曰其重若彼謂人之重富貴也其輕
若此謂清士之輕富貴也

史記卷六十一考證

史記卷六十一考證

史記卷六十二

漢　太史令司馬遷　撰

宋中郎外兵曹參軍裴駰　集解

唐國子博士弘文館學士司馬貞　索隱

唐諸王侍讀率府長史張守節　正義

管晏列傳第二

管仲夷吾者，潁上人也。【索隱　潁水名也。地理志潁水出陽城縣。漢有潁陽、臨潁二縣，今潁水縣。】少時常與鮑叔牙游，【索隱　鮑叔齊大夫姓鮑名叔牙也。】鮑叔知其賢。管仲貧困，常欺鮑叔，【索隱　鮑叔呂氏春秋云南陽。及管仲重不足。】鮑叔終善遇之，不以為言。已而鮑叔事齊公子小白，管仲事公子糾。及小白立為桓公，公子糾死，管仲囚焉。【索隱　君非管仲夷吾所居國。】鮑叔遂進管仲。管仲既用，任政於齊，齊桓公以霸，九合諸侯，一匡天下，【正義　管仲相齊以教一通，八月老賑，九月絕也。】管仲之謀也。管仲曰：「吾始困時，嘗與鮑叔賈，【正義　音古。賈多自與。】分財利多自與，鮑叔不以我為貪，知我貧也。吾嘗為鮑叔謀事而更窮困，鮑叔不以我為愚，知時有利不利也。吾嘗三仕三見逐於君，鮑叔不以我為不肖，知我不遭時也。吾嘗三戰三走，鮑叔不以我為怯，知我有老母也。公子糾敗，召忽死之，吾幽囚受辱，鮑叔不以我為無恥，知我不羞小節而恥功名不顯于天下也。生我者父母，知我者鮑子也。」鮑叔既進管仲，以身下之。子孫世祿於齊，有封邑者十餘世，【索隱　世本云莊仲產敬，敬產敬仲，敬仲產武子，武產莊子，莊產悼子，悼產襄子，襄產桓子，桓產夷。其產桓于夷，其啟產于武。】常為名大夫。天下不多管仲之賢而多鮑叔能知人也。

吾嘗為鮑叔謀事而更窮困，鮑叔不以我為愚，知時有利不利也。吾嘗三仕三見逐於君，鮑叔不以我為不肖，知我不遭時也。吾嘗三戰三走，鮑叔不以我為怯，知我有老母也。公子糾敗，召忽死之，吾幽囚受辱，鮑叔不以我為無恥，知我不羞小節而恥功名不顯于天下也。生我者父母，知我者鮑子也。

鮑叔既進管仲，以身下之。子孫世祿於齊，有封邑者十餘世，常為名大夫。天下不多管仲之賢而多鮑叔能知人也。

管仲既任政相齊，以區區之齊在海濱，通貨積財，富國彊兵，與俗同好惡。

鮑叔事齊公子小白，管仲事公子糾。及小白立為桓公，公子糾死，管仲囚焉。鮑叔遂進管仲。管仲既用，任政於齊，齊桓公以霸，九合諸侯，一匡天下，管仲之謀也。

管仲夷吾者，潁上人也。少時常與鮑叔牙游，鮑叔知其賢。管仲貧困，常欺鮑叔，鮑叔終善遇之，不以為言。

宋中郎外兵曹參軍裴駰集解
唐國子博士弘文館學士司馬貞索隱
唐諸王侍讀率府長史張守節正義

史記卷六十二

管仲既任政相齊，以區區之齊在海濱【索隱：齊東濱海也】，通貨積財，富國彊兵，與俗同好惡。故其稱曰【索隱：管仲既著書言所以舉其大略者也】：倉廩實而知禮節，衣食足而知榮辱【索隱：齊管仲既任政相齊，以區區之齊在海濱】，上服度則六親固【正義：六親謂外祖父母一、父母二、姊妹三、妻兄弟之子四、從母之子五、女之子六也】。四維不張，國乃滅亡【集解：管子曰禮義廉恥，國之四維，四維不張，國乃滅亡】。下令如流水之原，令順民心。故論卑而易行【索隱：言為政令卑下鮮於百姓，從政令易行也】。俗之所欲，因而予之；俗之所否，因而去之。

其為政也，善因禍而為福，轉敗而為功【集解：禍謂若與之重謂得失也】。貴輕重【正義：貴輕重謂錢也】，慎權衡【索隱：權衡謂錢輕重也】。桓公實怒少姬【索隱：謂怒蕩舟之姬人，未絕蔡而復嫁之】，南襲蔡，管仲因而伐楚，責包茅不入貢於周室【索隱：桓公實北征山戎，而管仲因】。桓公實北征山戎，而管仲因而令燕脩召公之政【正義：州今河北之會】。於柯之會【正義：州今東河之會，齊欲背】，桓公欲背曹沫之約【索隱：沫音昧，左傳莫作曹劌，沫歸反】，管仲因而信之，諸侯由是歸齊。故曰：知與之為取，政之寶也【正義：管仲富擬於公室，有三】。

管仲富擬於公室，有三歸、反坫【正義：婦人謂嫁曰歸，三歸三姓女也】，齊人不以為侈。管仲卒，齊國遵其政，常彊於諸侯【正義：括地志云淄州淄川縣南有管仲家牛山之阿】。

後百餘年而有晏子焉。

晏平仲嬰者，萊之夷維人也【集解：劉向別錄曰萊者今東萊地也　索隱：】

事齊靈公〔索隱：晏子，齊記云晏弱子也。名嬰，平謚，仲字。齊靈公名環，莊本及系本……齊莊公……齊景公名杵臼也〕莊公景公，以節儉力行重於齊。既相齊，食不重肉，妾不衣帛。其在朝，君語及之，即危言；〔語不及之〕即危行。國有道，即順命；無道，即衡命。〔索隱：衡音橫，謂違命也。正義：制，衡秤量之也。可行則行之……孟子云……畏責，謂及君不行也〕以此三世顯名於諸侯。

越石父賢，在縲紲中。〔索隱：縲音力追反，紲音息列反。縲，黑索也；紲，攣也。集解駰案：晏子春秋及呂氏春秋皆云晏子之晉，見反縲紲中者，越石父也〕晏子出，遭之塗，解左驂贖之，載歸。弗謝，入閨。久之，越石父請絕。晏子戄然，攝衣冠謝曰：「嬰雖不仁，免子於戹，何子求絕之速也？」石父曰：「不然。吾聞君子詘於不知己而信於知己者。〔索隱：詘音申屈，信讀曰申。言君子詘於不知己而申於知己也〕方吾在縲紲中，彼不知我也。夫子既已感寤而贖我，是知己；知己而無禮，固不如在縲紲之中。」晏子於是延入為上客。

晏子為齊相，〔正義：括地志云，晏嬰冢在青州臨淄縣……晏子宅在故齊城……近市……皇覽曰……〕出，其御之妻從門間而闚其夫。其夫為相御，擁大蓋，策駟馬，意氣揚揚甚自得也。既而歸，其妻請去。夫問其故。妻曰：「晏子長不滿六尺，身相齊國，名顯諸侯。今者妾觀其出，志念深矣，常有以自下者。今子長八尺，乃為人僕御，然子之意自以為足，妾是以求去也。」其後夫自抑損。晏子怪而問之，御以實對。晏子薦以為大夫。

太史公曰：吾讀管氏牧民、山高、乘馬、輕重、九府〔索隱：皆劉向別錄著錄目。九府書民間無有。山高一名形勢……〕

〔正義〕輕重故云輕重九府，餘如別錄之說。及晏子春秋，〔正義〕略云管子十八篇，在法家。晏子春秋，七略云今其書有七篇，在儒家，故在儒家云。其——

詳哉其言之也。既見其著書，欲觀其行事，故次其傳。至其書，世多有之，是以不論，論其軼事。〔正義〕軼者謂超逸也。

管仲〔正義〕——世所謂賢臣，然孔子小之。豈以為周道衰微，桓公既賢，而不勉之至王，乃稱霸哉？〔正義〕臣孔子言管仲以小之，世所蓋勸勉前輔，疑夷夫至子於小帝。

語曰：「將順其美，匡救其惡，故上下能相親也。」〔正義〕家之惡，言之惡，言管仲相齊，百姓親，故上下能相親也。豈管仲之謂乎？

方晏子伏莊公尸哭之，〔索隱〕左傳崔杼弒齊莊公，晏嬰入，枕莊公尸股而哭之，成禮而出。崔杼欲殺之。成禮然後去，豈所謂「見義不為無勇」者邪？〔索隱〕公尸股，此所謂見義不為無勇者也。

至其諫說，犯君之顏，此所謂「進思盡忠，退思補過」者哉！〔索隱〕——

假令晏子而在，余雖為之執鞭，所忻慕焉。〔索隱〕言太史公之羨慕，仰企平仲之行。假令晏生在世，己與之為僕隸，鞭亦所忻慕，其好賢樂善如此。雖——人，賢哉史臣之良，史可以示——。

〔索隱述贊〕夷吾成霸，平仲稱賢。粟乃實廩，豆則登俎。掩肩轉禍為福，危言獲全。孔賴左袵，史乃忻執鞭。成禮而去，人望存焉。

史記卷六十二

晏子為齊相出其御之妻從門閒而闚其夫其夫為相御擁大蓋策駟馬意氣揚揚甚自得也既而歸其妻請去夫問其故妻曰晏子長不滿六尺身相齊國名顯諸侯今者妾觀其出志念深矣常有以自下者今子長八尺乃為人僕御然子之意自以為足妾是以求去也其後夫自抑損晏子怪而問之御以實對晏子薦以為大夫

太史公曰吾讀管氏牧民山高乘馬輕重九府及晏子春秋詳哉其言之也既見其著書欲觀其行事故次其傳至其書世多有之是以不論論其軼事管仲世所謂賢臣然孔子小之豈以為周道衰微桓公既賢而不勉之至王乃稱霸哉語曰將順其美匡救其惡故上下能相親也豈管仲之謂乎方晏子伏莊公尸哭之成禮然後去豈所謂見義不為無勇者邪至其諫說犯君之顏此所謂進思盡忠退思補過者哉假令晏子而在余雖為之執鞭所忻慕焉

管晏列傳鮑叔既進管仲以身下之子孫世祿於齊

有封邑者十餘世索隱世本云莊仲山産敬仲夷

吾夷吾産武子鳴鳴産桓子啓方啓方産成子孺

孺産莊子盧盧産悼子其夷其夷産襄子武産

景子耐涉耐涉産微氏十代世譜同○王鏊曰此

十餘世是言鮑叔而索隱所注似言管氏不知何

故

常爲名大夫天下不多管仲之賢而多鮑叔能知人

也正義執枹鼓立於軍門使百姓皆加勇猛不若

也○國語無猛字

慎權衡正義權衡謂得失也○徐孚遠曰權衡鈞石

之類蓋與民取平之意正義非也

晏子懼然正義皇覽云晏子冢在臨淄城南菑水南

桓公冢西北括地志云齊桓公墓在青州臨淄縣

東南二十三里鼎足上又云齊晏嬰冢在齊子城

北門外晏子云吾生近市死豈易吾志乃葬故宅

後人名曰清節里按恐皇覽誤乃管仲冢也○徐

孚遠曰此注雜在越石父事中爲不倫也

漢　太史令司馬遷撰

宋中郎外兵曹參軍裴駰集解

唐國子博士弘文館學士司馬貞索隱

唐諸王侍讀率府長史張守節正義

老莊申韓列傳第三

老子者【索隱】瀨鄉曲朱仁韜里玉人也及姓神李仙名傳耳云字老伯子陽楚一國名苦重縣，楚苦縣厲鄉曲仁里人也【正義】按：地理志云苦縣屬陳國。苦音怙。至高本帝屬陳。春秋時楚滅陳，苦又屬楚，故云楚苦縣。

姓李氏，名耳，字伯陽，謚曰聃。【索隱】按：許慎云聃，耳漫無輪也。字伯陽，外號曰聃。又云姓李氏，名耳，字伯陽。謚曰聃。周守藏室之史也。【索隱】藏室史，乃周藏書室之史也。又張湯傳云老子為柱下史，蓋為周藏書室之史。

孔子適周，將問禮於老子。【索隱】然戴說氏云蓬累猶戴物持兩手扶累而去也。老子曰：子所言者，其人與骨皆已朽矣，獨其言在耳。且君子得其時則駕，不得其時則蓬累而行。【索隱】水劉反。蓬累猶扶持也。累音力追反。

老莊申韓列傳第三

史記卷六十三

漢　太　史　令　　　　　　　司馬遷　撰
宋中郎外兵曹參軍裴駰　　集解
唐國子博士弘文館學士司馬貞　索隱
唐諸王侍讀率府長史張守節　正義

老子者，楚苦縣厲鄉曲仁里人也。孔子適周，將問禮於老子。老子曰：……吾聞之，良賈深藏若虛，君子盛德，容貌若愚。去子之驕氣與多欲、態色與淫志，是皆無益於子之身。吾所以告子，若是而已。

孔子去，謂弟子曰：鳥，吾知其能飛；魚，吾知其能游；獸，吾知其能走。走者可以為罔，游者可以為綸，飛者可以為矰，至於龍，吾不能知其乘風雲而上天。吾今日見老子，其猶龍邪！

老子脩道德，其學以自隱無名為務。居周久之，見周之衰，迺遂去。至關，關令尹喜曰：子將隱矣，彊為我著書。[索隱 李尤、崔浩以函谷關喜為關令尹喜，又銘云喜為散關令是也。][正義 抱朴子云：老子西遊遇關令尹喜於散關，為喜著道德經一卷，謂之老子。或謂老子西遊……函谷關在陝州桃林縣西南十二里，散關在岐州陳倉縣東南十二里……]於是老子迺著書上下篇，言道德之意五千餘言而去，莫知其所終。[集解][正義……善內學，星宿服餌……]

老萊子亦楚人也，[正義……]著書十五篇，言道家之用，與孔子同時云。

蓋老子百有六十餘歲，或言二百餘歲，以其脩道而養壽也。[正義……]

自孔子死之後百二十九年，而史記周太史儋見秦獻公……或曰儋即老子，或曰非也，世莫知其然否……

孔子死之後百二十九年，【集解】徐廣曰：「百一十九年。」而史記周太史儋見秦獻公曰：「始秦與周合而離，離五百歲而復合，合七十歲而霸王者出焉。」【索隱】周與秦本合，合而別，別五百載復合，合七十歲而霸王者出，謂始皇也。云周與秦國合並而霸王者出焉。

或曰儋即老子，或曰非也，世莫知其然否。【集解】以其脩道而養壽也，自隱君子也。老子或曰儋。老子，隱君子也。【索隱】老子以其脩道而養壽也。

老子之子名宗，宗為魏將，封於段干。【集解】段干，應劭云魏邑名也。【索隱】段干，應劭云段干，魏邑名也。必云段干應是邑名。而魏有段干木、段干子，田完世家有段干朋，蓋因邑為姓。段干或是名邑，段干木之後，別自有段氏，段姓。注子宮，宮玄孫假，

宗子注，注子宮，宮玄孫假，【集解】樹音鑄。【正義】注子宮，宮玄孫假，假仕於漢孝文帝。【索隱】宮玄孫假，假仕於漢孝文帝。而假之子解為膠西王卬太傅，因家于齊焉。【正義】卬，五郎反。【索隱】卬，太傅因家于齊，作瑕，古雅霞反。

世之學老子者則絀儒學，【索隱】絀音黜。儒學亦絀老子。「道不同不相為謀」，豈謂是邪？李耳無為自化，清靜自正。【集解】太史公因是行事又贊云此篇是老子所著之言，無所故造而自引老子言以清淨之，而此清靜不擾而民都自正。【正義】言老子著書言道德之意，無所故言太史公言之也。

莊子者，蒙人也，【集解】劉向別錄云宋之蒙人也。【索隱】案地理志蒙縣屬梁國。名周。周嘗為蒙漆園吏，【索隱】地理志蒙縣屬梁國，漆園其地。正義括地志云漆園故城在曹州冤句縣北十七里，此云莊周為漆園吏。與梁惠王、齊宣王同時。其學無所不闚，然其要本歸於老子之言。故其著書十餘萬言，大抵率寓言也。【正義】大略其書十餘萬言，大抵寄辭於他人，寓言十九。作漁父、盜跖、【正義】跖音隻石反。胠篋，【集解】胠音丘劫反。【索隱】胠篋音去篋。以詆訿孔子之徒，以明老子之術。篋音苦頰反。胠篋，箱篋也，劫去筐篋也。莊子有此三篇名。

以詆訿孔子之徒，【索隱】訿音紫。詆音邸。訿亦毀也，毀訾，求篇名皆譽毀以明老子之術。畏累虛、亢桑子之屬，皆空語無事實。然善屬書離辭，指事類情，用剽剝儒墨，雖當世宿學不能自解免也。

亢桑子之屬皆空語無事實〔索隱〕名也卽老莊子畏累虛亢桑子〔索隱〕按莊子弟子畏累虛篇

然善屬書離辭〔正義〕力折反屬音燭離辭猶雖當世宿學

指事類情用剽剝儒墨〔正義〕剽匹妙反剝攻擊也

不能自解免也其言洸洋自恣以適己〔正義〕洸音汪洋音洋又洸洋音晃

郊祭之犧牛乎養食之數歲衣以文繡以入太廟當

周笑謂楚使者曰千金重利卿相尊位也子獨不見

莊周賢〔正義〕顯王三十年周威王當莊周使使厚幣迎之許以為相

是之時雖欲為孤豚豈可得乎〔索隱〕孤小豚也豚小豬也特言之不可得

為有國者所羈終身不仕以快吾志焉〔正義〕潘音番境內巾藏庙堂之上願以入大夫此夫

我寧游戲污瀆之中自快〔索隱〕污瀆之污音烏小瀆音讀渠也

〔索隱〕急往也音〔索隱〕猶莊子子亟去棘無污我〔索隱〕莊子釣于濮水之上楚王使大夫二人往先矣寧將曳尾塗中乎此

顧水之上吾聞楚王有神龜死已二千歲願以其死骨爲貴

曰上寧曳尾塗中爲留骨而貴乎

同傳不

申不害者京人也〔索隱〕河南京縣申子名不害地按云京別錄云京縣故今

故鄭之賤臣學術以干韓昭侯〔索隱〕申子之世王劭按紀年交與韓昭侯術以干昭侯〔索隱〕卽

法刑術名昭侯用為相內脩政教外應諸侯十五年終申

子之身國治兵彊無侵韓者〔索隱〕侯之著書二篇號曰申〔正義〕書二篇中阮孝

此申子之學本於黃老而主刑名著

言申子〔案〕案劉向錄二篇已過太史公所記也

子書六篇皆合二篇別錄今民間所有

于緒七略云申子三卷也

子之徒〔索隱〕誑誕音邸許詑音毀訾也詑子音訾音訾也以明老子之術畏累虛

韓非者，韓之諸公子也。喜刑名法術之學，而其歸本於黃老。非為人口吃，不能道說，而善著書。與李斯俱事荀卿，斯自以為不如非。

非見韓之削弱，數以書諫韓王，韓王不能用。於是韓非疾治國不務脩明其法制，執勢以御其臣下，富國彊兵而以求人任賢，反舉浮淫之蠹而加之於功實之上。以為儒者用文亂法，而俠者以武犯禁。寬則寵名譽之人，急則用介冑之士。今者所養非所用，所用非所養。悲廉直不容於邪枉之臣，觀往者得失之變，故作孤憤、五蠹、內外儲說、說林、說難十餘萬言。

然韓非知說之難，說難之書甚具，終死於秦，不能自脫。

說難曰：凡說之難，非吾知之有以說之難也，又非吾辯之難能明吾意之難也，又非吾敢橫失能盡之難也。凡說之難，在知所說之心，可以吾說當之。

明吾意之難也【正義】能分明吾意以說之亦又未爲難也尚非甚難又非吾敢橫失能盡之難也【索隱】韓子作橫佚劉氏云吾之所言無橫無失陳辭發策能盡說情此雖是難尚非難也【正義】橫擴孟反又非吾敢有橫失詞理能盡說己之情此雖是難尚非極難凡說之難在知所說之心可以吾說當之【索隱】劉氏云闕說之難正在於此也按說之心者謂人君之心也言以人臣疎末射尊重之意貴賤隔絕旨趣難知自非高識莫近幾會故曰說之難也乃須審明人主之意必以說合其情故云吾說當之也【正義】前者三說並未爲難凡說之難者正在於此言深辨知前人意可以吾說當之闇與前人心會說則行乃是難矣所說出於爲名高者也而說之以厚利則見下節而遇卑賤必棄遠矣【索隱】謂所說之主中心本出欲立高名者也說臣乃陳厚利是其見下節也既不會高情故遇卑賤必棄遠[illegible]劉氏云稽古羲黃祖述堯舜是爲名[illegible]也所說出於厚利者也而說之以名高則見無心而遠事情必不收矣【索隱】亦謂所說之君出意本規厚利而說臣乃陳名高之節則是說者無心遠於我之事情必不收用也故劉氏曰若秦孝公志於彊國而商鞅說以帝王故怒而不用也所說實爲厚利而顯爲名高者也【索隱】韓子實字作陰顯者陽也謂其君實爲厚利而詐作欲爲名高之節也【正義】前人必欲厚利詐慕名高則陽收其說實疎遠之而說之以名高則陽收其身而實疏之若說之以厚利則陰用其言而顯棄其身【索隱】謂若下文云鄭武公陰欲伐胡而關其思極論深計雖知說當終遭顯戮也【正義】前人好利厚詐慕名高說之以厚利則陰用說者之言而顯不收其身說士不可不察此之不可不知也夫事以密成而以泄敗未必其身泄之也而語及其所匿之事如是者身危【正義】事多相類語言或說其相類之事前人覺悟便成漏泄故身危也貴人有過端而說者明言善議以推其惡者則身危【正義】人主有過失之端緒而引美善之議以推人主之惡則身危周澤未渥也而語極知說行而有功則德亡【正義】渥霑濡也人臣事君未滿周至之恩澤而說事當理事行有功君不以爲恩德故德亡說不行而有敗則見疑如是者身危【索隱】謂人臣事上其道未合至周之恩未沾渥於下而輒吐誠極知其道說有功則其德亦亡亡無也韓子作則見忘然見忘勝於德亡也又若說不行而有敗則見疑如是

危跡身亡必彼顯有所出事迺自以為也故說者與知焉
則身危〔索隱〕劉氏云彊之以其所必不為人為主明而說者

為功說者與知焉則身危〔正義〕言說者若行事有所敗壞有時
盜鄰不為見人見人前發其得蹤跡其疑信更致嫌疑也

已者身危〔索隱〕亞夫已反彊人其主兩反己也說不行而有敗則見
疑說滅也者欲亡之若招歸誅而後栗遂太下于獄而周

之論大人則以為間己矣〔正義〕言說者之短知者揣之外而得之
間剌之譏之用劉氏則莊疑云疑詐其而賣之權重〔索隱〕謂之譏

與之論細人則以為賣權〔索隱〕謂細譏權微權之作賣入賣之權
論其所愛則以為借資以為說借說己人之主資愛行也入主

愛則以為借資以論說人試主所憎己也惡入人主論其所憎則

以為嘗己〔正義〕主則以論說人以主意者在文無華知而說者但屈辱也徑捷

知而屈之〔索隱〕其辭謂以主說意者在為文無知而說者人屈辱也徑

以為嘗己〔正義〕主則以論說人試主所憎己也惡入人徑省其辭則不

汜濫博文則多而久之〔索隱〕反省山汜濫博文則多而久之要浮言上句嫌也或言多浮說誕文廣而陳

景〔正義〕反省也其事意之辭涉之文華聞則君言

人時主乃疲永久倦怠也事意則慮事廣肆則曰草野而倨侮

怯言儒順人而不主盡也或乃成也此說之難不可不知也凡

多草有野鄙鄙陋乃陋謂人說誕而陳儒者音陳乃

說之務在知飾所說之所敬而滅其所醜〔索隱〕所說之說之難知其前失人

飾主之也滅飾其所醜謂者人說主有當所知遊諱而之敬所時文當

極誤之說乃士自敢怒赴意而己斷亂反以是卑

下謂人之謀主為敵赴其計則無以其窮之〔正義〕意而斷端之亂反以

破伯之莊乙云之貴入理難同怒為敵者上以下說以自多其力則無以

其難概之也〔索隱〕概古代之儳反。〔正義〕槩音古代反，謂自起苦說其難也。遂規異事與同計，譽異人與同行者，則以飾己之無傷也〔索隱〕。同失者，則明飾其無失也〔索隱〕。飾之無傷也〔索隱〕。同失者則明飾其無失也。

者〔鐵〕，又者。君悅趙而善甲，與得同失趙。君之甲與得無同失。又者，君之甲初幾與從之，初無同失其甲類也。說者同行者行之則〔索隱〕。

亦謂無大別忠，射詞排本欲歸按韓止君待也。君作人也，君化摩。

知焉此所以親近不疑，不疑借耳。拂違悟達也。當入主言之說。心士君知得，知盡之難也〔集解〕。

知盡之難也〔索隱〕徐廣曰，一作辭。〔索隱〕謂君臣談說相合，道合而誠。

之乃難是知盡也。知盡之道為難，是能盡之道之盡。

得曠日彌久而周澤既渥〔索隱〕謂曠日久，君臣誠道合，誠道久。

澤之霑濡擬安民道與敢在臣辯。此子談說得說得辭當。

難之道也為難是君臣周難則君臣國相執利害持此以說致而故。

之難也知盡之道，疑之疑安疑之。

史記

卷六十三

八

珍倣宋版印

知盡之難也〔集解〕。見疑是君計非交任爭而祿不爭爵而身。

亦謂無大別忠，射詞本欲擁欲歸。

同失者則明飾其無失也〔索隱〕。君初無同失趙。

者〔鐵〕文人詞甲與得同失趙。

又者君之甲無同失。

同失者則明飾其無失也〔索隱〕。

飾之無傷也。同失者則明飾其無失也。

大忠無所拂辭〔索隱〕忠志音在佛。

悟言無所擊排〔索隱〕拂音佛達悟也，逆忤也，言古宇大字假忠。

逎後申其辯〔索隱〕。逎後申其辯。忠志之人拂人排言無所擊排。

罪逎明計利害以致其功，直指是非以飾其身以此相持，此說之成也〔索隱〕曠日謂君臣久誠道合。

深計而不疑交爭而不罪，如此者身以此。

得曠日彌久而周澤既渥〔索隱〕合。

伊尹為庖〔正義〕庖反庖虜汙音烏。故說則非能仕之所設也。

百里奚為虜〔正義〕百里奚晉人，滕云秦穆滅虞及王莘道，是滕氏本云家以本滋味說乃致有。

里奚為虞〔正義〕大夫百里奚，晉世里家以膝云秦襲穆滅虞，姬虞也，公。

上也故此二子者皆聖人也猶不能無役身而涉世。

如此其汙也〔索隱〕反庖虜汙音烏。

盜其鄰人之父亦云暮而果大亡其財其家甚知其〔索隱〕。

子而疑鄰人之父亦云〔正義〕見其疑於鄰父處父知則難當乎。

昔者鄭武公欲伐胡〔正義〕胡城本云，在豫州郾姓城也，括州界地，逎以其子。

妻之因問羣臣曰吾欲用兵誰可伐者〔索隱〕胡本云歸姓，故致。

其難概之〔索隱〕槩猶難也。〔正義〕劉氏云秦昭王決上欲攻趙，故致。

規異事與同計譽異人與同行者則以〔索隱〕譽人與按上文同人行者則之。

可伐迺殺關其思曰胡兄弟之國也子言伐之何也
胡君聞之以鄭為親己而不備鄭人襲胡取之此
二說者其知皆當矣〔正義　當浪反〕然而甚者為戮薄者見
疑非知之難也處知則難矣〔正義　當〕昔者彌子瑕見愛於衛
君衛國之法竊駕君車者罪刖而彌子之母病
人聞往夜告之彌子矯駕君車而出君聞而賢之
曰孝哉為母之故而犯刖罪與君游果園彌子食桃
而甘不盡而奉君君曰愛我哉忘其口而念我及彌
子色衰而愛弛得罪於君君曰是嘗矯駕吾車又嘗
食我以其餘桃故彌子之行未變於初也前見賢而
後獲罪者愛憎之至變也故有愛於主則知當而加
親見憎於主則罪當而加疏故諫說之士不可不察
愛憎之主而後說之矣夫龍之為蟲也〔正義　龍蟲之類〕
可擾狎而騎也然其喉下有逆鱗徑尺人有嬰之
則必殺人人主亦有逆鱗說之者能無嬰人主之逆
鱗則幾矣〔索隱　說者能不犯人主逆鱗則幾矣〕〔正義　人或〕
傳其書至秦秦王見孤憤五蠹之書曰嗟乎寡人得
見此人與之游死不恨矣李斯曰此韓非之所著書
也秦因急攻韓韓王始不用非及急迺遣非使秦秦
王悅之未信用李斯姚賈害之毀之曰韓非韓之諸
公子也今王欲并諸侯非終為韓不為秦此人之情
也今王不用久留而歸之此自遺患也不如以過法
誅之秦王以為然下吏治非李斯使人遺非藥使自
殺韓非欲自陳不得見秦王後悔之使人赦之非已
死矣〔集解　韓非短之曰賈梁于盜閭于趙而為上〕
以逐取勵群臣也王召賈問之賈答云迺誅韓非所

韓非者，韓之諸公子也。喜刑名法術之學……非見韓之削弱……數以書諫韓王，韓王不能用。

……王聞其賢……秦王見其書曰：「嗟乎，寡人得見此人與之遊，死不恨矣！」李斯曰：「此韓非之所著書也。」

秦因急攻韓……韓王始不用非，及急，乃遣非使秦。秦王悅之，未信用。李斯、姚賈害之，毀之曰：「韓非，韓之諸公子也。今王欲并諸侯，非終為韓不為秦，此人之情也。今王不用，久留而歸之，此自遺患也，不如以過法誅之。」

秦王以為然，下吏治非。李斯使人遺非藥，使自殺。韓非欲自陳，不得見。秦王後悔，使人赦之，非已死矣。

……

申子韓子皆著書傳于後世學者多有余獨悲韓子

爲說難而不能自脫耳

太史公曰老子所貴道虛無因應變化於無爲故著

書辭稱微妙難識莊子散道德放論要亦歸之自然

申子卑卑<small>集解勉勵之意也</small>施之於名實韓子引繩墨切

事情明是非其極慘礉<small>集解勉勵之意</small>法慘急而鞫礉深刻

原於道德之意而老子深遠矣

索隱述贊曰伯陽立教清淨無爲道尊東魯迹竄

西垂莊蒙相栩申害卑卑刑名有術說難極知悲

彼李斯終亡周防

京兆尹韓父意在本朝采羣矢

車計韓故其非其材參燄

申午卒卒

壽韓卿為多雜端莊午莊首家坐

太史公曰本午乞乃實韓午以罷罷乞之

鯀端鏃匹不謂自為耳

申午韓午智者韓午斈本冬首余醫非韓午

史記卷六十三考證

老莊申韓列傳老子者正義朱韜玉札及神仙傳云

○臣照按漢武惑于神仙方士並宗老子故司馬

遷作老子傳著其鄉里詳考其子孫以明老子者

亦人耳非所謂乘雲氣御飛龍不可方物者故一

則曰老子隱君子也再則曰老子隱君子也良史

心苦矣正義翻引神仙荒唐謬悠之論以爲史注

夏蟲不可語冰有如是

合七十歲而霸王者出焉○周本紀封禪書云合十

七歲秦本紀云七十七歲

史記卷六十三考證

漢　太史令司馬遷撰

宋中郎外兵曹參軍裴駰集解

唐國子博士弘文館學士司馬貞索隱

唐諸王侍讀率府長史張守節正義

司馬穰苴列傳第四

司馬穰苴者田完之苗裔也【索隱　穰苴音若羊反苴音子餘反也　正義　穰苴音若羊反苴音子餘反大司馬官也穰苴故田氏而為司馬穰苴為族】齊景公時晉伐阿甄而【索隱　阿甄二邑晉太康地記云齊邑城康縣屬濟陰地記曰阿即河上東　正義　阿即河上東】燕侵河上【索隱　阿即地理志皆云齊邑城晉太康地記屬濟陰地記曰河上東】齊師敗績景公患之晏嬰乃薦田穰苴【正義　穰苴以為將音卹反遂以將軍則匹夫無將軍則軍有】曰穰苴雖田氏庶孽然其人文能附衆武能威敵願君試之景公召穰苴與語兵事大說之以為將軍將兵扦燕晉之師穰苴曰臣素卑賤君擢之閭伍之中加之大夫之上士卒未附百姓不信人微權輕願得君之寵臣國之所尊以監軍乃可於是景公許之使莊賈往穰苴既辭與莊賈約曰旦日日中會於軍門【索隱　漏立表謂立木為表刻以親數也日中謂期會於軍門日中時也按日中則期明日也】穰苴先馳至軍立表下漏【索隱　景下漏謂滴漏以知數也】待賈【索隱　賈音古】賈素驕貴以為將己之軍而己為監不甚急【正義　己音紀己親戚左右送之留飲日中而賈不至穰苴則仆表決漏【索隱　仆音赴反仆仆也】入行軍勒兵申明約束約束既定夕時莊賈乃至穰苴曰何後期為賈謝曰不佞大夫親戚送之故留穰苴曰將受命之日則忘其家臨軍約束則忘其親援枹鼓之急則忘其身【正義　枹音浮枹者永以賈失期故去臺中故也者臥以賈表失期過謂漏去臺中故也　正義　援枹音袁枹音孚謂鼓枹也援作操援音袁枹音孚謂鼓枹也】今敵國深侵邦內騷動士

司馬穰苴列傳第四

司馬穰苴者，田完之苗裔也。齊景公時，晉伐阿、甄，而燕侵河上，齊師敗績。景公患之。晏嬰乃薦田穰苴曰：「穰苴雖田氏庶孽，然其人文能附眾，武能威敵，願君試之。」景公召穰苴，與語兵事，大說之，以為將軍，將兵扞燕晉之師。穰苴曰：「臣素卑賤，君擢之閭伍之中，加之大夫之上，士卒未附，百姓不信，人微權輕，願得君之寵臣，國之所尊，以監軍，乃可。」於是景公許之，使莊賈往。穰苴既辭，與莊賈約曰：「旦日日中會於軍門。」穰苴先馳至軍，立表下漏待賈。賈素驕貴，以為將己之軍而己為監，不甚急；親戚左右送之，留飲。日中而賈不至。穰苴則僕表決漏，入，行軍勒兵，申明約束。約束既定，夕時，莊賈乃至。

史記卷六十四

宋中郎外兵參軍裴駰集解
唐國子博士弘文館學士司馬貞索隱
唐諸王侍讀率府長史張守節正義

卒暴露於境，君寢不安席，食不甘味，百姓之命皆懸於君，何謂相送乎！召軍正問曰：軍法期而後至者云何？對曰：當斬。莊賈懼，使人馳報景公，請救。既往，未及反，於是遂斬莊賈以徇三軍。三軍之士皆振慄。久之，景公遣使者持節赦賈，馳入軍中。穰苴曰：將在軍，君令有所不受。〔集解 便戰莊賈，不拘君命，苟在軍，君命有所不受耳〕問軍正曰：馳三軍法何？〔正義 比音必耳反〕正曰：當斬。使者大懼。穰苴曰：君之使不可殺之，乃斬其僕、車之左駙、〔集解 駙音附。劉伯莊云：駙馬者，箱外之立御者也〕〔索隱 謂斬使者之僕，故斬其僕也。車之左駙者，駙音附，謂立箱外之左駙，云斬馬者以立於箱外之左驂之立御者也〕馬之左驂以徇三軍。〔索隱 馬在左驂者，故斬其僕也。徇，行示重校。徇，行示重也〕遣使者還報，然後行。士卒次舍井竈飲食問疾醫藥，身自拊循之，悉取將軍之資糧享士卒，身與士卒平分糧食。最比〔集解 比音必耳反〕其羸弱者，三日而後勒兵。病者皆求行，爭奮出為之赴戰。晉師聞之，

為罷去。燕師聞之，度水而解。〔正義 水北度黃河而解。於是追擊〕於是追擊之，遂取所亡封內故境而引兵歸。未至國，釋兵旅，解約束，誓盟而後入邑。景公與諸大夫郊迎，勞師成禮，然後反歸寢。既見穰苴，尊為大司馬。田氏日以益尊於齊。已而大夫鮑氏、高、國之屬害之，譖於景公。景公退穰苴，苴發疾而死。田乞、田豹之徒〔索隱 豹亦僖子乞之族也。子〕由此怨高、國等。其後及田常殺簡公，盡滅高子、國〔索隱 此文誤，和當云文〕子之族。至常曾孫和，因自立為齊威王，〔索隱 也，當云文子和〕用兵行威，大放穰苴之法，〔正義 放，往也〕而諸侯朝齊。齊威王使大夫追論古者司馬兵法，而附穰苴於其中，因號曰司馬穰苴

兵法

太史公曰：余讀司馬兵法，閎廓深遠，雖三代征伐，未

珍傲宋版印

論著穰苴之列傳焉

眼及司馬兵法之揖讓乎世既多司馬兵法以故不

戰國之特故云少襄當若夫穰苴區區為小國行師何

而齊區區小國又當若夫穰苴區區為小國行師何

能竟其義如其文也亦少襄矣 索隱謂司馬法行於三代之法行

賴宗戚司馬實 索隱述贊燕侵河上齊師敗績嬰薦武能

威敵斬賈以徇三軍驚惕我卒既彊彼寇退壁法

司馬穰苴列傳齊景公時晉伐阿甄而燕侵河上○

古史曰太史公爲司馬穰苴傳言齊景公拔以爲

將遂以成功歸爲大司馬大夫高國害之譖而殺

之其言甚美世皆信之予以春秋左氏考之未有

燕晉伐齊者也而戰國策言司馬穰苴執政者也

湣王殺之故大臣不附意者穰苴湣王嘗爲立

記言曰左氏前後載齊事甚詳使有穰苴起學

潛王郤燕晉而戰國雜說遂以爲景公時穰王學

功不應遺落也尤伐阿鄄侵河上皆景公時所無

大司馬亦非齊官遷故稱田乞田豹由此怨高國

若不考信於左氏者盍作書之人夸大其詞而遷

信之爾

說林篇

卷六十四　說林篇

史記卷六十五

漢　太史令司馬遷撰

宋中郎外兵曹參軍裴駰集解

唐國子博士弘文館學士司馬貞索隱

唐諸王侍讀率府長史張守節正義

孫子吳起列傳第五

孫子武者，齊人也〔索隱：魏武帝云孫子者齊人事吳王闔廬為將作兵法十三篇〕〔正義：七錄云孫子兵法三卷案十三篇為上卷又有中下二卷〕。以兵法見於吳王闔廬〔吳王闔廬為闔閭〕。闔廬曰：「子之十三篇，吾盡觀之矣，可以小試勒兵乎？」對曰：「可。」闔廬曰：「可試以婦人乎？」曰：「可。」於是許之，出宮中美女，得百八十人。孫子分為二隊〔索隱：隊徒對反〕，以王之寵姬二人各為隊長〔索隱：長竹兩反〕，皆令持戟。令之曰：「汝知而心與左右手背乎？」婦人曰：「知之。」孫子曰：「前則視心，左視左手，右視右手，後即視背。」婦人曰：「諾。」約束既布，乃設鈇鉞，即三令五申之。於是鼓之右，婦人大笑。孫子曰：「約束不明，申令不熟，將之罪也。」復三令五申而鼓之左，婦人復大笑。孫子曰：「約束不明，申令不熟，將之罪也；既已明而不如法者，吏士之罪也。」乃欲斬左右隊長。吳王從臺上觀，見且斬愛姬，大駭。趣使使下令〔索隱：趣音促急吏反令音色使反〕曰：「寡人已知將軍能用兵矣。寡人非此二姬，食不甘味，願勿斬也。」孫子曰：「臣既已受命為將，將在軍，君命有所不受。」遂斬隊長二人以徇。用其次為隊長，於是復鼓之。婦人左右前後跪起皆中規矩繩墨，無敢出聲。於是孫子使使報王曰：「兵既整齊，王可試下觀之，唯王所欲用之，雖赴水火猶可也。」吳王曰：「將軍罷休就舍，寡人不願下觀。」孫子曰：「王徒

吳王曰：將軍罷休就舍，寡人不願下觀。孫子曰：王徒好其言，不能用其實。於是闔廬知孫子能用兵，卒以為將。西破強楚，入郢，北威齊晉，顯名諸侯，孫子與有力焉。

孫武既死，後百餘歲有孫臏。臏生阿鄄之間，臏亦孫武之後世子孫也。孫臏嘗與龐涓俱學兵法。龐涓既事魏，得為惠王將軍，而自以為能不及孫臏，乃陰使召孫臏。臏至，龐涓恐其賢於己，疾之，則以法刑斷其兩足而黥之，欲隱勿見。

齊使者如梁，孫臏以刑徒陰見，說齊使。齊使以為奇，竊載與之齊。齊將田忌善而客待之。忌數與齊諸公子馳逐重射。孫子見其馬足不甚相遠，馬有上中下輩。於是孫子謂田忌曰：君弟重射，臣能令君勝。田忌信然之，與王及諸公子逐射千金。

及臨質，孫子曰：今以君之下駟與彼上駟，取君上駟與彼中駟，取君中駟與彼下駟。既馳三輩畢，而田忌一不勝而再勝，卒得王千金。於是忌進孫子於威王。威王問兵法，遂以為師。

好其言不能用其實，於是闔廬知孫子能用兵，卒以爲將。西破彊楚，入郢，北威齊晉，顯名諸侯，孫子與有力焉。孫武既死，【集解】越絕書曰：吳縣巫門外大頉，孫武頉也，去縣十里。越絕書多記吳越士地，或曰後人撰。【索隱】家云：其書多記吳越絕書，十六卷。士地，或曰後人撰。後子所錄，所著書十三篇，恐非也。

後百餘歲有孫臏。臏生阿、鄄之間，【索隱】阿鄄皆地名。臏亦孫武之後世子孫也。孫臏嘗與龐涓俱學兵法。【索隱】皮江反。臏音頻忍反。龐古玄反。涓薄江反。龐涓既事魏，得爲惠王將軍，而自以爲能不及孫臏，乃陰使召孫臏。臏至，龐涓恐其賢於己，疾之，則以法刑斷其兩足而黥之，欲隱勿見。齊使者如梁，【索隱】今梁州。孫臏以刑徒陰見，說齊使。齊使以爲奇，竊載與之齊。

齊將田忌善而客待之。忌數與齊諸公子馳逐重射。【索隱】重，弟且也，好射也。孫子見其馬足不甚相遠，馬有上、中、下輩。於是孫子謂田忌曰：「君弟重射，臣能令君勝。」【索隱】弟且也，好射也。田忌信然之，與王及諸公子逐射千金。【正義】逐而射，射賭千金。及臨質，【索隱】質猶對也，對射也。一云質謂堋，非也。射埒，非也。孫子曰：「今以君之下駟與彼上駟，取君上駟與彼中駟，取君中駟與彼下駟。」既馳三輩畢，而田忌一不勝而再勝，卒得王千金。於是忌進孫子於威王。威王問兵法，遂以爲師。

其後魏伐趙，趙急，請救於齊。齊威王欲將孫臏，臏辭謝曰：「刑餘之人不可。」於是乃以田忌爲將，而孫子爲師，居輜車中，坐爲計謀。田忌欲引兵之趙，孫子曰：「夫解雜亂紛糾者不控捲，【索隱】控捲謂手解亂糾之，不可手控捲而擊之，雜亂紛糾者當善以手解之，云云。救鬥者不搏撠，【索隱】救鬥者當善以手解，救鬥者不怒也。批亢擣虛，【索隱】批音白結反。批，擊也。亢音苦浪反。人相敵，亢必須批亢擣虛。形格勢禁，則

自為解耳〔索隱：謂若批其相亢，擣其虛，則自為禁止，彼必自為解兵也。是事形〕今梁趙相攻，輕兵銳卒必竭於外，老弱罷於內，君不若引兵疾走大梁，據其街路，衝其方虛，彼必釋趙而自救。是我一舉解趙之圍而收弊於魏也。田忌從之，魏果去〔索隱：今引兵據齊〕邯鄲，與齊戰於桂陵，大破梁軍。後十五年〔索隱：按紀年，魏武帝……惠王十七年，齊田忌敗梁于桂陵……二月，齊田朌敗梁……馬陵，計相去至無十三年歲也。十二月……王劭云梁〕魏趙攻韓，韓告急於齊，齊使田忌將而往，直走大梁。魏將龐涓聞之，去韓而歸，齊軍既已過而西矣。孫子謂田忌曰：彼三晉之兵素悍勇而輕齊，齊號為怯，善戰者因其勢而利導之。兵法，百里而趣利者蹶上將〔索隱：蹶音厥〕，五十里而趣利者軍半〔索隱：蹶，猶斃也〕至。使齊軍入魏地為十萬竈，明日為五萬竈，又明日

為三萬竈。龐涓行三日，大喜，曰：我固知齊軍怯，入吾地三日，士卒亡者過半矣。乃棄其步軍，與其輕銳倍日并行逐之。孫子度其行，暮當至馬陵。馬陵道狹，而旁多阻隘，可伏兵，乃斫大樹白而書之曰：龐涓死于此樹之下。於是令齊軍善射者萬弩，夾道而伏，期曰：暮見火舉而俱發。龐涓果夜至斫木下，見白書，乃鑽火燭之，讀其書未畢，齊軍萬弩俱發，魏軍大亂相失。龐涓自知智窮兵敗，乃自剄，曰：遂成豎子之名〔索隱：剄音古鼎反〕。齊因乘勝盡破其軍，虜魏太子申以歸。孫臏以此名顯天下，世傳其兵法。

吳起者，衛人也，好用兵，嘗學於曾子，事魯君。齊人攻魯，魯欲將吳起，吳起取齊女為妻，而魯疑之。吳起於是欲就名，遂殺其妻，以明不與齊也。魯卒以為將。

於是許之，出宮中美女，得百八十人。孫子分為二隊，以王之寵姬二人各為隊長，皆令持戟。令之曰：「汝知而心與左右手背乎？」婦人曰：「知之。」孫子曰：「前，則視心；左，視左手；右，視右手；後，即視背。」婦人曰：「諾。」約束既布，乃設鈇鉞，即三令五申之。於是鼓之右，婦人大笑。孫子曰：「約束不明，申令不熟，將之罪也。」復三令五申而鼓之左，婦人復大笑。孫子曰：「約束不明，申令不熟，將之罪也；既已明而不如法者，吏士之罪也。」乃欲斬左右隊長。吳王從臺上觀，見且斬愛姬，大駭。趣使使下令曰：「寡人已知將軍能用兵矣。寡人非此二姬，食不甘味，願勿斬也。」孫子曰：「臣既已受命為將，將在軍，君命有所不受。」遂斬隊長二人以徇。用其次為隊長，於是復鼓之。婦人左右前後跪起皆中規矩繩墨，無敢出聲。於是孫子使使報王曰：「兵既整齊，王可試下觀之，唯王所欲用之，雖赴水火猶可也。」吳王曰：「將軍罷休就舍，寡人不願下觀。」孫子曰：「王徒好其言，不能用其實。」於是闔廬知孫子能用兵，卒以為將。西破彊楚，入郢，北威齊晉，顯名諸侯，孫子與有力焉。

孫武既死，後百餘歲有孫臏。臏生阿鄄之閒，臏亦孫武之後世子孫也。孫臏嘗與龐涓俱學兵法。龐涓既事魏，得為惠王將軍，而自以為能不及孫臏，乃陰使召孫臏。臏至，龐涓恐其賢於己，疾之，則以法刑斷其兩足而黥之，欲隱勿見。齊使者如梁，孫臏以刑徒陰見，說齊使。齊使以為奇，竊載與之齊。齊將田忌善而客待之。忌數與齊諸公子馳逐重射。孫子見其馬足不甚相遠，馬有上、中、下輩。於是孫子謂田忌曰：「君弟重射，臣能令君勝。」田忌信然之，與王及諸公子逐射千金。及臨質，孫子曰：「今以君之下駟與彼上駟，取君上駟與彼中駟，取君中駟與彼下駟。」既馳三輩畢，而田忌一不勝而再勝，卒得王千金。於是忌進孫子於威王。威王問兵法，遂以為師。

其後魏伐趙，趙急，請救於齊。齊威王欲將孫臏，臏辭謝曰：「刑餘之人不可。」於是乃以田忌為將，而孫子為師，居輜車中，坐為計謀。田忌欲引兵之趙，孫子曰：「夫解雜亂紛糾者不控卷，救鬬者不搏撠，批亢擣虛，形格勢禁，則自為解耳。今梁趙相攻，輕兵銳卒必竭於外，老弱罷於內。君不若引兵疾走大梁，據其街路，衝其方虛，彼必釋趙而自救。是我一舉解趙之圍而收弊於魏也。」田忌從之，魏果去邯鄲，與齊戰於桂陵，大破梁軍。

而攻齊大破之魯人或惡吳起曰起之為人猜忍人
也其少時家累千金游仕不遂遂破其家鄉黨笑之
吳起殺其謗己者三十餘人而東出衛郭門與其母
訣齧臂而盟曰起不為卿相不復入衛遂事曾子居
頃之其母死起終不歸曾子薄之而與起絕起乃之
魯學兵法以事魯君魯君疑之起殺妻以求將夫魯
小國而有戰勝之名則諸侯圖魯矣且魯衛兄弟之
國也而君用起則是棄衛魯君疑之謝吳起吳起於
是聞魏文侯賢欲事之文侯問李克曰吳起何如人

〔索隱〕何及其異其見用乎陳平則盡廉人能也亦
不破赴產殺妻仕非
能廉何言士之心又

哉李克曰起貪而好色〔索隱〕貪下 王云此魏文侯知李克言起貪名迹母死不赴千金而後貪然用兵司馬穰苴不能過
也然用兵司馬穰苴不能過也
於是魏文侯以為將擊秦拔五城起之為將與士卒
最下者同衣食臥不設席行不騎乘親裹贏糧與士
卒分勞苦卒有病疽者起為吮之〔索隱〕音弋軟反又才軟反
母聞而哭之人曰子卒也而將軍自吮其疽何哭為
母曰非然也往年吳公吮其父其父戰不旋踵遂死
於敵吳公今又吮其子妾不知其死所矣是以哭之
文侯以吳起善用兵廉平盡能得士心乃以為西河
守以拒秦韓魏文侯既卒起事其子武侯武侯浮西
河而下中流顧而謂吳起曰美哉乎山河之固此魏
國之寶也起對曰在德不在險昔三苗氏左洞庭右
彭蠡德義不修禹滅之夏桀之居左河濟右泰華伊
闕在其南羊腸在其北修政不仁湯放之殷紂之國左孟門
太原晉陽西北九原十里〔集解〕皇甫謐曰今河南城為直之在有羊腸阪在之

起之為將，與士卒最下者同衣食。臥不設席，行不騎乘，親裹贏糧，與士卒分勞苦。卒有病疽者，起為吮之。卒母聞而哭之。人曰：「子卒也，而將軍自吮其疽，何哭為？」母曰：「非然也。往年吳公吮其父，其父戰不旋踵，遂死於敵。吳公今又吮其子，妾不知其死所矣。是以哭之。」

文侯以吳起善用兵，廉平，盡能得士心，乃以為西河守，以拒秦、韓。

魏文侯既卒，起事其子武侯。武侯浮西河而下，中流，顧而謂吳起曰：「美哉乎，山河之固，此魏國之寶也！」起對曰：「在德不在險。昔三苗氏左洞庭，右彭蠡，德義不修，禹滅之。夏桀之居，左河濟，右泰華，伊闕在其南，羊腸在其北，修政不仁，湯放之。殷紂之國，左孟門，右太行，常山在其北，大河經其南，修政不德，武王殺之。由此觀之，在德不在險。若君不修德，舟中之人盡為敵國也。」武侯曰：「善。」

（吳起）既為西河守，甚有聲名。魏置相，相田文。吳起不悅，謂田文曰：「請與子論功，可乎？」田文曰：「可。」起曰：「將三軍，使士卒樂死，敵國不敢謀，子孰與起？」文曰：「不如子。」起曰：「治百官，親萬民，實府庫，子孰與起？」文曰：「不如子。」起曰：「守西河而秦兵不敢東鄉，韓趙賓從，子孰與起？」文曰：「不如子。」起曰：「此三者，子皆出吾下，而位加吾上，何也？」文曰：「主少國疑，大臣未附，百姓不信，方是之時，屬之於子乎，屬之於我乎？」起默然良久，曰：「屬之子矣。」文曰：「此乃吾所以居子之上也。」吳起乃自知弗如田文。

右太行常山在其北

大河經其南修政不德武王殺之由此觀之在德不

在險若君不修德舟中之人盡為敵國也

武侯曰善即封吳起為西河守甚有聲名

魏置相相田文

吳起不悅謂田文曰請與子論功可乎田文曰將三

軍使士卒樂死敵國不敢謀子孰與起文曰不如子

起曰治百官親萬民實府庫子孰與起文曰不如子

起曰守西河而秦兵不敢東鄉韓趙賓從子孰與起

文曰不如子起曰此三者皆出吾下而位加吾上

何也文曰主少國疑大臣未附百姓不信方是之時

屬之於子乎屬之於我乎起默然良久曰屬之子矣

文曰此乃吾所以居子之上也吳起乃自知弗如田

文

田文既死公叔為相尚魏公主而害吳起

公叔之僕曰起易去也公叔曰奈何其僕曰

吳起為人節廉而自喜名也君因先與武侯言曰夫吳起賢

人也而侯之國小又與強秦壤界臣竊恐起之無留

心也武侯即曰奈何君因謂武侯曰試延以公主起

有留心則必受之無留心則必辭矣以此卜之君因

召吳起而與歸即令公主怒而輕君吳起見公主之

賤君也則必辭是吳起見公主之賤魏相果辭魏

武侯武侯疑之而弗信也吳起懼得罪遂去即之楚

楚悼王素聞起賢至則相楚明法審令捐不急之官

廢公族疏遠者以撫養戰鬥之士要在強兵破馳說

之言從橫者於是南平百越北并陳蔡卻三晉西伐

秦諸侯患楚之強故楚之貴戚盡欲害吳起及悼王

劉民按紂都朝歌今
西今言左則東邊門有孟門也

武王殺之由此觀之在德不在險若君不修德舟中之人盡為敵國也武侯曰善

即封吳起為西河守甚有聲名魏置相相田文吳起不悅謂田文曰請與子論功可乎文曰可起曰將三軍使士卒樂死敵國不敢謀子孰與起文曰不如子起曰治百官親萬民實府庫子孰與起文曰不如子起曰守西河而秦兵不敢東鄉韓趙賓從子孰與起文曰不如子起曰此三者子皆出吾下而位加吾上何也文曰主少國疑大臣未附百姓不信方是之時屬之於子乎屬之於我乎起默然良久曰屬之子矣文曰此乃吾所以居子之上也吳起乃自知弗如田文

田文既死公叔為相尚魏公主而害吳起公叔之僕曰起易去也公叔曰奈何其僕曰吳起為人節廉而自喜名也君因先與武侯言曰夫吳起賢人也而侯之國小又與強秦壤界臣竊恐起之無留心也武侯即曰奈何君因謂武侯曰試延以公主起有留心則必受之無留心則必辭矣以此卜之君因召吳起而與歸即令公主怒而輕君吳起見公主之賤魏相則必辭於是吳起見公主之賤魏相也果辭魏武侯武侯疑之而弗信也吳起懼得罪遂去即之楚

死宗室大臣作亂而攻吳起吳起走之王尸而伏之

擊起之徒因射刺吳起幷中悼王悼王楚系家名疑

既葬太子立王賊也蕭乃使令尹盡誅射吳起而幷中

王尸者坐射起而夷宗死者七十餘家

太史公曰世俗所稱師旅皆道孫子十三篇吳起兵

法世多有故弗論論其行事所施設者語曰能行之

者未必能言能言之者未必能行孫子籌策龐涓明

矣然不能蚤救患於被刑吳起說武侯以形勢不如

德然行之於楚以刻暴少恩亡其軀悲夫

索隱述贊曰孫子兵法一十三篇美人既斬良將得焉削孫臏臏腳籌策龐涓吳起相魏西河稱賢慘礉事楚死後留權

史記卷六十五

仲尼弟子列傳第七

大夫種曰善乃使王子地韓且將兵
隨後十三萬吳王果與齊人戰於艾陵
大破齊師獲七將軍之兵而不歸以臨晉
吳王聞之大懼令大夫發言於
越王曰善吳王遂發九郡兵伐齊
大夫種曰善今吳已報齊之怨矣
吳王果興九郡兵以伐齊晉人
越王大悅許之乃使大夫種以精兵三萬
吳王曰善乃使子貢之晉
吳王大悅曰善乃使越王
其後越王句踐欲伐吳
後宮美人而與越王戰於

孫子吳起列傳君弟重射索隱重射好射也〇徐孚

遠曰重射者再射也索隱非

救闘者不搏撠索隱按撠謂以手持撠剌人也〇余

有丁曰撠義當爲撃非矛戟也

批亢撠虛索隱按批者相排批也言敵人相亢必須批

之彼兵若虛則衝撠者空也按撃梁之虛令撃之欲令

舊語故孫子以言之也〇顧炎武曰索隱也此當是

與劉敬傳撠其肮同張晏曰喉嚨也下文所

謂撠其街路是也以敵人所不及備故之虛所

卻封吳起爲西河守〇徐孚遠曰前既爲西河守矣

此又云蓋雜引而未刪正臣照按徐說非也武侯

曰善卻封吳起蓋加以封耳下乃云爲西河守甚

有聲名而不得爲相今并作一句讀遂疑此句重

出

公叔爲相索隱韓之公族〇臣照按戰國策公叔疑

爲魏公叔痤非韓公族也公叔痤爲魏將而與韓

趙戰澮北禽樂祚賞田百萬祿之反走再弃而辭

以讓吳起之後則非害起者也此與國策參差不

同

史記卷六十五考證

漢　太史令司馬遷撰

宋中郎外兵曹參軍裴駰集解

唐國子博士弘文館學士司馬貞索隱

唐諸王侍讀率府長史張守節正義

伍子胥列傳第六

伍子胥者楚人也名員員父曰伍奢兄曰伍尚其先曰伍舉以直諫事楚莊王【索隱】左氏楚世家見　有顯故其後世有名於楚楚平王有太子名曰建使伍奢為太傅費無忌為少傅【索隱】作費無極左氏無極平王使無忌為太子取婦於秦秦女好無忌馳歸報平王曰秦女絕美王可自取而更為太子取婦平王遂自取秦女而絕愛幸之生子軫更為太子取婦無忌既以秦女自媚於平王因去太子而事平王恐一旦平王卒而太子立殺己乃因讒太子建建母蔡女也無寵於平王平王稍益疏建使建守城父【集解】駰案地理志備邊兵頃之無忌又日夜言太子短於王曰太子以秦女之故不能無怨望願王少自備也自太子居城父將兵外交諸侯且欲入為亂矣平王乃召其太傅伍奢考問之伍奢知無忌讒太子於平王因曰王獨奈何以讒賊小臣疏骨肉之親乎無忌曰王今不制其事成矣王且見禽於是平王怒囚伍奢而使城父司馬奮揚往殺太子【索隱】奮揚之姓名也【索隱】城父之縣邑也　志本潁川有城父縣邑楚伐陳而有之城父本陳邑楚伐陳而有之城行未至奮揚使人先告太子曰太子急去不然將誅太子建亡奔宋無忌言於平王曰伍奢有二子皆賢不誅且為楚憂可以其父質而召之不然且

費無忌為少傅無忌不忠於太子建平王使無忌為太子取婦於秦秦女好無忌馳歸報平王曰秦女絕美王可自取而更為太子取婦平王遂自取秦女而絕愛幸之生子軫更為太子取婦

無忌既以秦女自媚於平王因去太子而事平王恐一旦平王卒而太子立殺己乃因讒太子建建母蔡女也無寵於平王平王稍益疏建使建守城父備邊兵

頃之無忌又日夜言太子短於王曰太子以秦女之故不能無怨望願王少自備也自太子居城父將兵外交諸侯且欲入為亂矣平王乃召其太傅伍奢考問之伍奢知無忌讒太子於平王因曰王獨柰何以讒賊小臣疏骨肉之親乎無忌曰王今不制其事成矣王且見擒於是平王怒囚伍奢而使城父司馬奮揚往殺太子

行未至奮揚使人先告太子太子急去不然將誅太子建亡奔宋

無忌言於平王曰伍奢有二子皆賢不誅且為楚憂可以其父質而召之不然且為楚患王使使謂伍奢曰能致汝二子則生不能則死伍奢曰尚為人仁呼必來員為人剛戾忍詬能成大事彼見來之并禽其勢必不來

翰林學士朝請郎
資德大夫
集賢
兴文署 曹參軍
中統二年

為楚患。王使使謂伍奢曰：「能致汝二子則生，不能則死。」伍奢曰：「尚為人仁，呼必來。員為人剛戾忍詢【索隱：氏音欵，詭罵也，音詎】，能成大事，彼見來之并禽，其勢必不來。」王不聽，使人召二子曰：「來，吾生汝父；不來，今殺奢也。」伍尚欲往，員曰：「楚之召我兄弟，非欲以生我父也，恐有脫者後生患，故以父為質，詐召二子。二子到，則父子俱死。何益父之死？往而令讎不得報耳。不如奔他國，借力以雪父之恥。俱滅，無為也。」伍尚曰：「我知往終不能全父命。然恨父召我以求生而不往，後不能雪恥，終為天下笑耳。」謂員：「可去矣！汝能報殺父之讎，我將歸死。」尚既就執，使者捕伍胥。伍胥貫【集解：烏還反】弓執矢嚮使者【索隱：音古患反，劉氏讚音滿反，張彎弓也】，使者不敢進，伍胥遂亡。聞太子建之在宋，往從之。奢聞子胥之亡也，曰：「楚國君臣且苦兵矣。」伍尚至楚，楚并殺奢與尚也。

伍胥既至宋，宋有華氏之亂【索隱：宋華亥，春秋昭二十年，向寧、華定與…】，乃與太子建俱奔於鄭，鄭人甚善之。太子建又適晉，晉頃公曰：「太子既善鄭，鄭信太子，太子能為我內應，而我攻其外，滅鄭必矣。滅鄭而封太子。」太子乃還鄭。事未會，會自私欲殺其從者，從者知其謀，乃告之於鄭。鄭定公與子產誅殺太子建。建有子名勝。伍胥懼，乃與勝俱奔吳。到昭關【索隱：江乃吳，其關在西；昭關在楚之境】，昭關欲執之。伍胥遂與勝獨身步走，幾不得脫。追者在後。至江，江上有一漁父乘船，知伍胥之急，乃渡伍胥。伍胥既渡，解其劍曰：「此劍直百金，以與父。」父曰：「楚國之法，得伍胥者賜粟五萬石，爵執珪，豈徒百金劍邪！」不受【集解：張勃曰，子胥乞食處在丹…】。伍胥未至吳而疾，止中道，乞食。

田眞兄弟三人共議分財，生資皆平均，唯堂前一株紫荆樹，共議欲破三片。明日就截之，其樹即枯死，狀如火然。眞往見之，大驚，謂諸弟曰：樹本同株，聞將分斫，所以憔悴，是人不如木也。因悲不自勝，不復解樹。樹應聲榮茂。兄弟相感，合財寶，遂為孝門。

田眞仕至大中大夫。

（以下文字因原件漫漶，難以辨識）

陽濿陽縣【索隱】張勃晉人作吳錄，故裴氏注引之。濿音栗，水名也。

……之子至於吳，吳王僚方用事，公子光為將。伍胥乃因公子光以求見吳王。久之，楚平王以其邊邑鍾離與吳邊邑卑梁氏【索隱】南居巢之地，楚之地也。六安古國也，亦國也，古鍾離國。世本云鍾離……蓋鍾離子孫奔南巢，因以為國，蓋居巢也，後來朝……縣也。二邑，鍾離在楚，卑梁在楚，縣也。俱蠶，兩女子爭桑相攻，乃大怒，至於兩國舉兵相伐。吳使公子光伐楚，拔其鍾離、居巢而歸。

伍子胥說吳王僚曰：楚可破也，願復遣公子光。公子光謂吳王曰：彼伍胥父兄為戮於楚，而勸王伐楚者，欲以自報其讎耳。伐楚未可破也。伍胥知公子光有內志，欲殺王而自立，未可說以外事，乃進【索隱】設諸，左傳諸作設諸。專諸於公子光，退而與太子建之子勝耕於野。

五年而楚平王卒。初，平王所奪太子建秦女生子軫，及平王卒，軫竟立為後，是為昭王。吳王僚因楚喪，使二公子將兵往襲楚。楚發兵絕吳兵之後，不得歸。吳國內空，而公子光乃令專諸襲刺吳王僚而自立，是為吳王闔廬。闔廬既立，得志，乃召伍員以為行人，而與謀國事。

楚誅其大臣郤宛、伯州犁。【索隱】郤宛者，晉伯宗之子，伯州犁，晉伯宗之子也。楚殺其郤宛孫，伯州犁之宗奔。伯州犁之孫伯嚭亡奔吳，吳亦以嚭為大夫。【集解】姓伯，嚭，宛氏子，亦姓伯，嚭，吳又別家氏云。

前王僚所遣二公子將兵伐楚者【索隱】蓋公子燭庸也，及餘也，公子燭庸也。道絕不得歸。後聞闔廬弒王僚自立，遂以其兵降楚，楚封之於舒。闔廬立三年，乃興師與伍胥、伯嚭伐楚，拔舒，遂禽故吳反二將軍。【集解】二將軍反，故禽之。因欲至郢，將軍孫武曰：民勞，未可，且待之。乃歸。

四年，吳伐楚，取六與潛。【集解】六古國，皋陶之後。潛縣有天柱山。五年，伐越，敗之。六年，楚昭王使公子囊瓦【集解】囊瓦，子常。將兵伐吳。

公子又兼稱囊瓦誤也

將兵伐吳，吳使伍員迎擊，大破楚軍於豫章，【集解】案豫章在江南。【索隱】案豫章在江北，蓋後徙於江南。取楚之居巢。九年，吳王闔廬謂子胥、孫武曰：「始子言郢未可入，今果何如？」二子對曰：「楚將囊瓦貪，而唐、蔡皆怨之。王必欲大伐之，必先得唐、蔡乃可。」闔廬聽之，悉興師與唐、蔡伐楚，與楚夾漢水而陳。吳王之弟夫概將兵請從，【索隱】概音古賚反。王不聽，遂以其屬五千人擊楚將子常。子常敗走，奔鄭。於是吳乘勝而前，五戰，遂至郢。【集解】……【索隱】郢音……己卯，楚昭王出

辰，吳王入郢。昭王出亡，入雲夢；盜擊王，王走鄖，【索隱】鄖音云。郢國名。走音奏。鄖公弟懷曰：「平王殺我父，我殺其子，不亦可乎！」鄖公恐其弟殺王，與王奔隨。【正義】今有楚昭王故城在隨北城即是。吳兵圍隨，謂隨人曰：「周之子孫在漢川者，楚盡滅之。」隨人欲殺王，王子綦匿王，己自為王以當之。隨人卜與王於吳，不吉，乃謝吳不與王。始伍員與申包胥為交，員之亡也，謂包胥曰：「我必覆楚。」包胥曰：「我必存之。」及吳兵入郢，伍子胥求昭王。既不得，乃掘楚平王墓，出其尸，鞭之三百，然後已。申包胥亡於山中，使人謂子胥曰：「子之報讎，其以甚乎！【正義】聞人眾者雖言一吾聞之，人眾者勝天，天定亦能破人。今子故平王之臣，親北面而事之，今至於僇死人，此豈其無天道之極乎！」伍子胥曰：「為我謝申包胥曰，吾日莫途遠，吾故倒行而逆施之。」於是申包胥走秦告急，求救於秦。秦不許。包胥立於秦廷，晝夜哭，七

日七夜不絕其聲。秦哀公憐之,曰:「楚雖無道,有臣若是,可無存乎!」乃遣車五百乘救楚擊吳。吳六月敗吳兵於稷【集解】郊外也。【索隱】案:稷丘在,傳作地名,稷丘在[某地]。會吳王久留楚求昭王,而闔廬弟夫概乃亡歸,自立為王。闔廬聞之,乃釋楚而歸,擊其弟夫概。夫概敗走,遂奔楚。楚昭王見吳有內亂,乃復入郢。封夫概於堂谿【集解】徐廣曰:堂谿,地理志汝南有縣,今豫州有。【索隱】本案:房子國,以封夫概,今汝州郾……。【正義】括地志云:堂谿故城在豫州郾城縣西……,為堂谿氏。

後二歲,闔廬使太子夫差將兵伐楚,取番【集解】……。【正義】音婆,又音普寒反,又音普婆反。楚懼吳復大來,乃去郢,徙於鄀【集解】……。【索隱】……陽也。蓋都陽也。當是時,吳以伍子胥、孫武之謀,西破彊楚,北威齊晉,南服越人。其後四年,孔子相魯。後五年,伐越。越王句踐迎擊,敗吳於姑蘇,傷闔廬指【正義】……姑蘇,當作「攜李」,左傳云攜李,誤也。……乃文誤也。軍卻。闔廬病創將死,謂太子夫差曰:「爾忘句踐殺爾父乎?」夫差對曰:「不敢忘。」是夕,闔廬死。夫差既立為王,以伯嚭為太宰,習戰射。二年後伐越,敗越於夫湫【集解】……。【索隱】……太湖中椒山也。又如淳曰……。【正義】守。越王句踐乃以餘兵五千人棲於會稽之上。使大夫種【集解】……。【索隱】案:高誘云「今吳南有大夫種姓,種其姓也」,非也。種,文姓,官名也。厚幣遺吳太宰嚭以請和,求委國為臣妾。吳王將許之,伍子胥諫曰:「越王為人能辛苦,今王不滅,後必悔之。」吳王不聽,用太宰嚭計,與越平。

其後五年,而吳王聞齊景公死而大臣爭寵,新君弱,乃興師北伐齊。伍子胥諫曰:「句踐食不重味,弔死問疾,且欲有所用之也。此人不死,必為吳患。今吳之有越,猶人之有腹心疾也。而王不先……

史記 卷六十六 正一

越而乃務齊，不亦謬乎！吳王不聽，伐齊，大敗齊師於艾陵，〔正義〕括地志云艾山在兗州博城縣南百六十里，本齊博邑。遂威鄒魯之君以歸，〔正義〕鄒縣鄒君居曲阜兗州鄒縣。益疏子胥之謀。

其後四年，吳王將北伐齊，越王勾踐用子貢之謀，乃率其眾以助吳，而重寶以獻遺太宰嚭。太宰嚭既數受越賂，其愛信越殊甚，日夜為言於吳王。吳王信用嚭之計。伍子胥諫曰：夫越，腹心之病，今信其浮辭詐偽而貪齊。破齊，譬猶石田，無所用之。且盤庚之誥曰：有顛越不恭，劓殄滅之，俾無遺育，無使易種于茲邑。此商之所以興。願王釋齊而先越；若不然，後將悔之無及。而吳王不聽，使子胥於齊。子胥臨行，謂其子曰：吾數諫王，王不用，吾今見吳之亡矣。汝與吳俱亡，無益也。乃屬其子於齊鮑牧，而還報吳。

吳太宰嚭既與子胥有隙，因讒曰：子胥為人剛暴，少恩，猜賊，其怨望恐為深禍也。前日王欲伐齊，子胥以為不可，王卒伐之而有大功。子胥恥其計謀不用，乃反怨望。而今王又復伐齊，子胥專愎強諫，〔索隱〕愎，皮逼反。沮，才呂反。〔集解〕沮，自呂反。案：沮毀用事，徒幸吳之敗以自勝其計謀耳。今王自行悉國中武力以伐齊，而子胥諫不用，因輟謝，詳病不行。王不可不備，此起禍不難。且嚭使人微伺之，其使於齊也，乃屬其子於齊之鮑氏。夫為人臣，內不得意，外倚諸侯，自以為先王之謀臣，今不見用，常鞅鞅怨望。願王早圖之。吳王曰：微子之言，吾亦疑之。乃使使賜伍子胥屬鏤之劍，〔集解〕韻錄于反。案：曰子以此死。伍子胥仰天歎曰：嗟乎！讒臣嚭為亂矣，王乃反誅我。我令若父霸。自若未立時，諸公子爭立，我以死爭之於先王，幾不得立。〔音〕幾若

既得立，欲分吳國予我，我顧不敢望也。然今若聽諛
臣言以殺長者。乃告其舍人曰：必樹吾墓上以梓，令
可以為器〔正義 樹名謂器謂棺椁也〕；而抉吾
眼縣吳東門之上〔索隱 東門謂之鱄抉門也。正義 云鱄抉門吳士城門也〕，
以觀越寇之入滅吳也。乃自剄死。吳王
聞之大怒，乃取子胥尸盛以鴟夷革〔集解 革馬革也。徐廣曰鴟夷革為應劭曰取馬革以為鴟夷〕，
浮之江中〔集解 徐廣曰一年越軍〕。吳人憐之，為立祠於江上〔正義 越
因命曰胥山〔集解 張晏曰胥山在太湖邊。正義 云在吳縣西南。蘇州記云胥山有白亭〕。
吳王既誅伍子胥，遂伐
齊。齊鮑氏殺其君悼公而立陽生。吳王欲討其賊，不
勝而去。其後二年，吳王召魯衛之君會之橐皋〔正義 橐皋音拓。索隱〕。其明年，因
北大會諸侯於黃池〔正義 在汴州封丘縣南七里〕，以令周室。越王
勾踐襲殺吳太子〔索隱 太子名友。左傳〕，破吳兵。吳王聞之，乃歸，
使使厚幣與越平。後九年，越王勾踐遂滅吳，殺王夫
差，而誅太宰嚭，以不忠於其君而外受重賂與己比
周也。
勝者在於吳王夫差之時，楚惠王欲召勝歸。葉
公諫曰〔正義 葉音式涉反。諸梁杜信云與地〕勝好勇而陰求死士，殆有
私乎。惠王不聽，遂召勝，使居楚之邊邑，號為白公〔集解 頴川�許州〕。

〈北有四十五里北〉〈又有白亭也〉

白公歸楚三年而吳誅子胥。

白公勝既歸楚，怨鄭之殺其父，乃陰養死士求報鄭。歸楚五年，請伐鄭，楚令尹子西許之。兵未發而晉伐鄭，鄭請救於楚。楚使子西往救，與盟而還。白公勝怒曰：「非鄭之仇，乃子西也。」白公勝自礪劍，人問曰：「何以爲？」勝曰：「欲以殺子西。」子西聞之，笑曰：「勝如卵耳〈索隱　徐廣曰此本一作得惠王之孫期　左見作王于孫期〉，何能爲也。」

其後四歲，白公勝與石乞襲殺楚令尹子西、司馬子綦於朝〈索隱　子綦左傳作子期〉。石乞曰：「不殺王，不可。」乃劫之，王如高府〈索隱　杜預云楚之別府〉。石乞從者屈固負楚惠王〈索隱〉亡走昭夫人之宮〈索隱　王母也　昭王夫人越王女是也　昭陽〉。葉公聞白公爲亂，率其國〈正義　白公〉人攻白公，白公之徒敗，亡走山中自殺〈正義　白公〉。而虜石乞，而問白公尸處，不言將亨。石乞曰：「事成爲卿，不成而亨，固其職也。」終不肯告其尸處。遂亨石乞，而求惠王復立之。

太史公曰：怨毒之於人甚矣哉！王者尚不能行之於臣下，況同列乎！向令伍子胥從奢俱死，何異螻蟻。棄小義，雪大恥，名垂於後世，悲夫！方子胥窘於江上，道乞食，志豈嘗須臾忘郢邪〈索隱〉？故隱忍就功名，非烈丈夫孰能致此哉？白公如不自立爲君者，其功謀亦不可勝道者哉！

索隱述贊：讒人罔極，交亂四國。嗟彼伍氏，被踈逐北。鞭屍雪恥，志復冤毒。霸吳起兵，伐楚逐北。被鞭茲忍，凶慝...眼棄尸棄德抉。

卷六十八

藉本不反都首者楚
非然大夫痤病去自公收女固子立徐吾其也
賓志登普貢央失浞派政將攻各
小挙霊大挙各散日今田下普其亦同異
大央公日奚妻立人入其矣王者尚不死行大
召不死同收平官者可何異
怛宋惠王賓立父
懷不死匠亨固其鄉少於不首昔其口賓毎子可
而賓者口匠間白公口氣不吉殺亨子可可徐

入文白公白公之女奔走山中自投
父宮夫人入王以惠
簡公開白公將率其国
薬公聞惠王士夫入
毛子西固黒子蔡入
阿氏徒大王收高林
耶耳同輸余少其劵四覚白公殺與百口
族嫁與盟匠蒙入問日口北
族夢少父氏蔡下西卅西閨之笑日北
人父氏蒙糖自驗楡入問日北
族夢與白公殺日其
辛藉州漢蒙令毛午西楯少未發匠曽口氏
寇輔蒙殺漢令珠汶父氏蔡養於士未薛漢福
□牘蒙漢正戡明半白公輸蒙三年匠笑精子賓白公

伍子胥列傳其先曰伍舉以直諫事楚莊王索隱舉

直諫見左氏楚世家○臣照按舉直諫見楚世家

左氏無之左氏載直諫者伍參也

遂滅鄒魯之君以歸○臣照按此與左傳及魯世家

俱不符且與下文召魯衞之君會之蠱皋句相刺

謬疑文有誤

吏部卷六十六志

駕後文官棄
其不恭且與下文召書補大途會大囊皋台陳陳
發通駆誓大春乂績○即照義兆與法籍及誓前案
古汝兼大立其鐘直藉薪相家事
宜薪長吉及數道家○即照義薪宜薪長數兆案
由不賈派薪其英表台宜誅奉事其宜装事數義王衆罰舉
吏籍卷六十六卷籍

史記卷六十七

漢　太史令司馬遷撰

宋中郎外兵曹參軍裴駰集解

唐國子博士弘文館學士司馬貞索隱

唐諸王侍讀率府長史張守節正義

仲尼弟子列傳第七

孔子曰受業身通者七十有七人【索隱　孔子弟子唯七十七人亦文翁孔子廟圖作七十二人】皆異能之士也。德行：顏淵、閔子騫、冉伯牛、仲弓。政事：冉有、季路。言語：宰我、子貢。文學：子游、子夏。師也辟【集解　馬融曰子張才過人失於邪辟文過】，參也魯【集解　孔安國曰魯鈍也】，柴也愚【集解　孔安國曰愚直之愚】，由也喭【集解　鄭玄曰子路之行失於畔喭　喭音岸　又音論語之喭】，回也屢空，賜不受命而貨殖焉，億則屢中【集解　何晏曰言回庶幾聖道雖數空匱而樂在其中　一曰屢猶每也空猶虛中也　每能虛中者唯回懷道深遠　賜不受教命唯財貨是殖億度是非蓋美回所以勵賜也　一曰教命也不受命而殖貨言其能知會禍福所以每億度而中者　亦由數空故能庶幾於道】。

孔子之所嚴事：於周則老子，於衛蘧伯玉【集解　大戴禮曰外寬而內直　自設於隱括之中　直己而不直人　以善存亡　汲汲於仁　蓋蘧伯玉之行也】，於齊晏平仲，於楚老萊子【集解　列仙傳云老萊子楚人也】，於鄭子產【索隱　君擇臣而事君蓋大戴禮記之辭】，於魯孟公綽。數稱臧文仲、柳下惠【集解　大戴禮曰恭儉以求仁　信讓以求役　曾子孟者去就以圖義　居下位而不援其上　觀於四方而不忘其親　苟思其親不盡其樂　以不能止也蓋柳下惠之行也】、銅鞮伯華【索隱　銅鞮伯華晉大夫羊舌赤也赤字伯華　邑在銅鞮　故號銅鞮伯華　晉地記云晉銅鞮有羊舌赤邑　韓子曰銅鞮伯華之言曰　夫赤無天下　亦無邑　若能有道　亦號銅鞮　而己夫】、介山子然，孔子皆後之，不並世【集解　韓子曰足以比足以駟說之然見志行不志其親　蓋孔子苟親其親　容有道也】。

仲尼弟子列傳

……下皆孔子同時人也。並按戴德撰禮記號曰大戴，及公綽八……
……上孔子同時人也。按世家行行者有三十八篇，今公綽八……辭唯……
氏十五篇，引孔子在衞將軍文子篇，篇亡子見晉平公之……辭唯裴……
舉怨……蓋伯介夷山叔二齊人……而思也……行行者有……信不念……
舊鞶鞙……蓋思也……又對奚對有丁友奚……蓋隨武……
于趙之文行于地之理，行事銅鞮君愛名其屬死身，上謀黨自……按武……
州銅鞮潞縣鞶潞

顏回者，魯人也，字子淵。少孔子三十歲。【正義】少顏淵反。

顏淵問仁，孔子曰：克己復禮，天下歸仁焉。【集解】【集解】

孔子曰：賢哉回也！【集解】一簞食，一瓢飲，【集解】在陋巷，人不堪其憂，回也不改其樂。回也如愚；【集解】退而省其私，亦足以發，回也不愚。【索隱】

用之則行，舍之則藏，唯我與爾有是夫！【集解】

回年二十九，髮盡白，蚤死。【索隱】孔子哭之慟，曰：自吾有回，門人益親。【集解】

魯哀公問：弟子孰為好學？孔子對曰：有顏回者好學，不遷怒，不貳過，不幸短命死矣，今也則亡。【集解】

閔損字子騫。【集解】少孔子十五歲。孔子曰：孝哉閔子騫！人不間於其父母昆弟之言。不仕大夫，不食汙君……之祿……

顏淵死　子曰　噫　天喪予　天喪予

顏淵死　子哭之慟　從者曰　子慟矣
曰　有慟乎　非夫人之為慟而誰為

顏淵死　門人欲厚葬之　子曰　不可
門人厚葬之　子曰　回也視予猶父也
予不得視猶子也　非我也　夫二三子也

哀公問　弟子孰為好學　孔子對曰
有顏回者好學　不遷怒　不貳過
不幸短命死矣　今也則亡　未聞好學者也

發憤忘食　樂以忘憂　不知老之將至云爾

賢哉回也　一簞食　一瓢飲　在陋巷
人不堪其憂　回也不改其樂　賢哉回也

回年二十九　髮盡白　蚤死

之祿[索隱]論語季氏使閔子騫爲費宰子騫曰善爲我辭焉是不仕大夫之祿也如
有復我者[集解]我者重來召我孔安國曰復我召我也去之[集解]孔安國曰去之汶上欲北如齊必在汶上矣[集解]國曰去之安

冉耕字伯牛[集解]魯人鄭玄曰孔子以爲有德行伯牛有惡
疾孔子往問之自牖執其手[集解]其手孔子從牖執其包氏曰牛有惡疾不欲見人
曰命也夫斯人也而有斯疾命也夫[集解]再言之者痛惜之甚包氏曰

冉雍字仲弓[集解]魯人鄭玄曰
仲弓父賤人孔子曰犁牛之子騂且角雖欲勿用[集解]何晏曰犁雜文騂赤色也角者角周正中犧牲雖欲以其所生犁而不用
仲弓爲有德行曰雍也可使南面[集解]包氏曰可使南面者言任諸侯可使治國政也
仲弓問[集解]
政孔子曰出門如見大賓使民如承大祭[集解]孔安國曰爲國者在敬在邦無怨在家無怨[集解]包氏曰在邦謂諸侯在家謂卿大夫
敬乎在邦無怨在家

山川其舍諸[集解]魯人鄭玄
雖不肯舍諸乎言之美父

冉求字子有[集解]魯人鄭玄少孔子二十九歲爲季氏宰
季康子問孔子曰冉求仁乎孔子曰千室之邑百乘之家求也可使治其
賦仁則吾不知也[集解]仁道至大不可全名也[集解]孔安國曰賦兵賦也
路仁乎孔子對曰如求問曰聞斯行諸[集解]包氏曰賑窮救乏子曰聞斯行諸
之何其聞斯行之[集解]至孔子不安國曰當專有父兄在如子曰行之子路問聞斯行諸子曰有父兄在如
事[集解]也之子路問聞斯行諸子華怪之敢問
問同而答異孔子曰求也退故進之由也兼人故退
之[集解]在勝尚正[集解]鄭玄人各因其失而正之路之性謙退而正之

仲由字子路卞人也[集解]野人徐廣曰一字季少孔子九歲
子路性鄙好勇力志伉直冠雄
雞佩猳豚[集解]二物皆勇子路好勇故冠雄雞佩猳豚之陵暴孔子

孔子設禮稍誘子路子路後儒服委質[索隱]服虔云古者

夫孔子惲之邑宰[索隱]孔惲之服虔云邑宰為……乃與孔悝作亂

出公立十二年其父蕢聵居外不得入子路為衛大

曰士人太子之子輒在於是衛立輒為君是為出公

子懼誅出奔及靈公卒而夫人欲立公子郢郢不肯

上初衛靈公有寵姬曰南子靈公太子蕢聵得過南

正可以比衆[集解]大清正驃案必歸音鼻近言之寬……恭正以靜可以報

語汝恭以敬可以執勇[集解]勇猛案言能害言故恭曰謹執謙敬也寬以

子路為蒲之宰辭孔子孔子曰蒲多壯士又難治然吾[索隱]

孔子曰可謂具臣矣[集解]言備臣數而已子路為蒲大夫

蕢丈人子路為季氏宰季孫問曰子路可謂大臣與

可使治其賦不知其仁子路喜從游遇長沮桀溺荷

未日升我於堂矣季康子問仲由仁乎孔子曰千乘之國

而不恥者其由也與由也升堂矣未入於室也[集解]馬融

記　卷六十七　四　[珍做宋版印]

得以安國壽終也不

孔以安國壽終[索隱]……衣敝縕袍[集解]縕枲著也……與衣狐貉者立

求我初用晉故尚書郎所作論語……若由也不得其死然[集解]

折獄者其由也[集解]……用材肇好勇過我無所取材

以折獄者由也好勇過我無所取材[集解]……孔子曰片言可

恐有聞[集解]……孔復安有國聞曰……子路有聞未之能行唯

度晉不義中義……子路有聞未及

君子好勇而無義則亂小人好勇而無義則盜[集解]

子路問政孔子曰先之勞之請益曰無倦[集解]李充

君子尚勇乎孔子曰義之為上

子子路問政孔子曰先之……因門人請為弟

夫下里之母畏黃鄭氏與作里計曆

出公立十二年其父黃鄭弟兄不畏人之器養

曰士入太子之車陳去城昔縣券吾縣

不畏精出奔文靈公卒靈夫人入焰立陣

土政謙靈公育曰南子靈公太子貴顛畏畏南

不畏攻其由此不畏養吾畏恭畏立

亦敢其由此與由此共堂失未人之室也

正不須昔其由此不畏養吾畏恭立

索隱左傳蒯聵入孔悝家母伯姬劫悝悝本心自作亂也蒯聵與之盟而立蒯聵非蒯聵本心自作亂也謀入孔

悝家遂與其徒襲攻出公出公奔魯而蒯聵入立是
為莊公方孔悝作亂子路在外聞之而馳往遇子羔
出衞城門謂子路曰出公已閉子可還矣
毋空受其禍子路曰食其食者不避其難子羔卒去
有使者入城城門開子路隨而入造蒯聵蒯聵與孔
悝登臺子路曰君焉用孔悝請得而殺之蒯聵勿聽
於是子路欲燔臺蒯聵懼乃下石乞壺黶攻子路擊
孔子聞衞亂曰嗟乎由死矣已而果死故孔子曰自
斷子路之纓子路曰君子死冠不免遂結纓而死
於是子路死矣而冠不免而死故孔子曰
吾得由惡言不聞於耳 集解王肅曰慢侮之人于予不敢為有孔子言侍
是時子貢為魯使於齊 索隱使左傳在于哀貢
為魯使於齊

是以惡言不聞於耳聞於孔子于耳不
十五年也蓋此文錯誤也聊記之

宰予字子我 集解鄭玄曰魯人

利口辯辭既受業問三年之
喪不已久乎君子三年不為禮禮必壞三年不為樂
樂必崩舊穀既沒新穀既升鑽燧改火期可已矣 集解馬融曰周書月令有更火之火春取榆柳之火夏取棗杏之火季夏取桑柘之火秋取柞楢之火冬取槐檀之火一年之中鑽火各異木故曰改火

子曰於汝安乎曰安汝安則為之 集解安國曰
君子居喪食旨不甘聞樂不樂故弗為也
宰我出子曰予之不仁也子生 集解馬融曰所懷抱未三年
三年然後免於父母之懷夫三年
之喪天下之通義也
宰予晝寢 集解包氏曰達孔子達於庶國入曰自懷抱入曰晝寢
子曰朽木不可雕也 集解王肅曰雕猶畫刻也朽腐之木不可雕畫入曰晝寢
可杇也 集解王肅曰杇墁也成也不足
子曰非其人也 集解王肅曰施功猶塈也不可墁污也帝之德二也
夫齒故謂仕齊臨菑大都夫臨 索隱云爲仕於齊臨菑大都夫臨
曰予非其人也宰我為臨菑大夫與田常作亂以夷其族孔子

夫子曰……臨由清精大夫
與田常執……反其入少
日子非其入少……其入少　言昔者……
反也少……日彼……日正帝王
午日谷木不可……幸央問正帝之教午
午之賣天下少……正帝之教大
三午恭發忠行父母少妻……夫三
父告午民夫食言不甘……午生
樂日必暴戾……午日告央妻少
變不曰人午……出午少不可央午生
樂必藏薯懊戾……樂不戾……三
樂必藏薯懊戾……必寒三午不義
午午午午妹……樂日……

吾驚由惡言不聞少耳……
不午聞謝謂日……少不由男少……
過午器少……午器少……
好長午路谷對……午器少……
對登臺不器曰告……午器用少……
民空安其斷午食……
官勅者人姚姚門閒午器少……
出勅出謝門閒午器曰……
出謝謝門閒……
則宋救與其书要文出……
里公氏出本……其入作

（海口樣梅民父業問三午之……宋過名）

恥之[索隱]字子我誎田常作亂之文然有闞止

宰子相涉因誎云然

我誎田常寵于我為陳恒所殺恐宇與止

端木賜衛人字子貢少孔子三十一歲子貢利口巧

辭孔子常黜其辯問曰汝與回也孰愈[集解]孔安國曰愈勝也

對曰賜也何敢望回回也聞一以知十賜也聞一以

知二子貢既已受業問曰賜何人也孔子曰汝器也曰

何器也曰瑚璉也[集解]包氏曰瑚璉黍稷之器夏曰瑚殷曰璉周曰簠簋宗廟之貴器也[索隱]陳子禽問子貢曰仲尼焉學子貢

曰文武之道未墜於地在人賢者識其大者不賢者

識其小者莫不有文武之道夫子焉不學[集解]孔安國曰文武

又問曰孔子適是國必聞其政求之與抑與之與[集解]鄭玄曰怪孔子所至之邦必與聞其政求而得之邪抑人君自願與之為

與抑與之與[集解]鄭玄求而得之與國政

學故曰無常師[索隱]言孔安國之人也日何器也曰瑚璉也

國故無無常所從

治子貢曰夫子溫良恭儉讓以得之夫子之求之也

其諸異乎人之求之也[集解]鄭玄曰言夫子行此五者而得之與人求之異明人君自願與之為與

子貢問曰富而無驕貧而無諂何如孔子曰可

也[集解]未若貧而樂道富而好禮[集解]鄭謂玄志

趙為憂苦也以

兵欲以代魯孔子聞之謂門弟子曰夫魯墳墓所處

父母之國國危如此二三子何為莫出子路請出孔

子止之子張子石請行孔子弗許子貢請行孔子許[索隱]公龍也

之遂行至齊說田常曰君之伐魯過矣夫魯[索隱]越絕書其泄字作淺

難伐之國其城薄以卑其地狹以泄其君愚而不仁

君愚而不仁大臣偽而無用其士民又惡甲兵之事

此不可與戰伐吳城高以厚地廣以深

甲堅以新士選以飽重器精兵盡在其中又使明大

軍輜之後士數人驗重器轂出其中文夫即大
夫不曰與彈者不哉曰吳夫吳姑高之事之榮
吾惡而不弓大因而無甲其士夷文惡甲之事
轉矢之衆甲士吳之事其美之夫
父母之國國家之出士三子之同僕子貢曰夫
子立吳父柔子者止吳莫出出莫善莫曰子善夫
子所教計至贄德之夷吳慧其夷夫
子有之因國夷吳善日吾吳其
吳欲之夷田常日吳出子貢日夫
子之聞其夷吳資貴莫其
與吳子貢問日富而無諂貧而無驕何如
子曰可也富而好禮貧而樂道者也
與許夫與父
子問日貧而無諂富而無驕何如
子曰可也聞其文夫未來之曰
其結異平入之來之夫之來之夫
午貢曰夫子監夏恭儉與之器之夫之夫

其少吾莫不育文
曰文友之前未勢故步入寶吾其大吉不學千寶
二千貢殷已安業問曰日日與可入之步曰曰子貢
歧二千貢殷回步器步
雜目器問其雜問曰步間日曰與回步療愈午貢
邦曰願步向來莖問其樣問曰日步聞一之一
運日日與曰聞一以知十願步聞以知二日
報步常端問其雜問曰回步與回步療愈午貢
諸木顯謝入宇午貢之十三十一數午貢味曰正
因子顯之午正因田園身午子怨憲與田徐術間步
頌文於步正也居宰中興田徐術間步文徐宗間步

夫守之此易伐也田常忿然作色曰子之所難人之所易子之所易人之所難而以教寡人何也子貢曰臣聞之憂在內者攻彊憂在外者攻弱今君憂在內吾聞君三封而三不成者大臣有不聽者也今君破魯以廣齊戰勝以驕主破國以尊臣〔集解〕王肅曰鮑晏等帥師破國則而君之功不與焉則交日疎於主是君上驕主心下恣羣臣求以成大事難矣夫上驕則恣臣驕則爭是君上與主有郤下與大臣交爭也如此則君之立於齊危矣故曰不如伐吳伐吳不勝民人外死大臣內空是君上無彊臣之敵下無民人之過孤主制齊者唯君也田常曰善雖然吾兵業已加魯矣去而之吳大臣疑我奈何子貢曰君按兵無伐臣請往使吳王令之救魯而伐齊君因以兵迎之田常許之使

子貢南見吳王說曰臣聞之王者不絕世霸者無彊敵千鈞之重加銖兩而移今以萬乘之齊而私千乘之魯與吳爭彊竊為王危之且夫救魯顯名也伐齊大利也以撫泗上諸侯誅暴齊以服彊晉利莫大焉名存亡魯實困彊齊智者不疑也吳王曰善雖然吾嘗與越戰棲之會稽越王苦身養士有報我心子待我伐越而聽子子貢曰越之勁不過魯吳之彊不過齊王置齊而伐越則齊已平魯矣且王方以存亡繼絕為名夫伐小越而畏彊齊非勇也夫勇者不避難仁者不窮約智者不失時王者不絕世以立其義今存越示諸侯以仁救魯伐齊威加晉國諸侯必相率而朝吳霸業成矣且王必惡越〔索隱〕惡猶畏也惡烏路反臣請東見越王令出兵以從此實空越名從諸侯以伐也吳王大

王令出其父實室頻名發持禁之如必殺王大
匠障吳霸業姦夫殺且王必惡姬
詩姬不得報之言姦者夫殺且王必殺令
夫半女為長姬入女為田巷恭念恭事曰公之姬入女

聞吾三徒臣三不敢誅臣
開吾憂立內者文陰者令
必賣夜彈器之戲生我令
矢尹會座章召來不與主主
少尹恭草召來不與主主具吾
立於吾矢姦曰吳姦不
華縣吾士與主育浴丁與大事
英王令之疾善臣吳因之求窮父田常指之敢
大英大田孫無奈吾下貢頁日吾敢求無於臣敢
麻音會勾田常常日會恭吾其業勾巳吾
召內空即吾士無聲召之嫡下無奈入父

吳王令之疾善臣吳因之求窮父田常指之敢
大英大田孫無奈吾下貢頁日吾敢求無於臣敢

卷六十
子貢南見吳王
子貢南見吳王說曰臣聞之王者不絕世
嫡午陰之重乘兩邱而干乘之萬乘之
夫吳與越兩邱莫之敵也越之
大味並之彊吾士彊莫之兩邱吾
各齊吾士彊實困困皆吾不孫也英
當與誅強之會善者不孫也英
姬姬不孫俱俱困吾經不誅不
吳王置吾匠日史俱困匠見不甚夫
詩者吾夫小恭匠吳見不夫英共
吾者不誅後善不夫誅王吾大
言者不誅後善不夫誅王吾大
詩姬不得報之言姦者夫殺且王必殺令
夫半女為長姬入女為田巷恭念恭事曰公之姬入女

說乃使子貢之越。越王除道郊迎，身御至舍而問曰：「此蠻夷之國，大夫何以儼然辱而臨之？」子貢曰：「今者吾說吳王以救魯伐齊，其志欲之而畏越，曰『待我伐越乃可』。如此破越必矣。且夫無報人之志而令人疑之，拙也；有報人之意使人知之，殆也；事未發而先聞，危也。三者舉事之大患。」句踐頓首再拜曰：「孤嘗不料力，乃與吳戰，困於會稽，痛入於骨髓，日夜焦脣乾舌，徒欲與吳王接踵而死，孤之願也。」遂問子貢。子貢曰：「吳王爲人猛暴，羣臣不堪；國家敝以數戰，士卒弗忍；百姓怨上，大臣內變；子胥以諫死，太宰嚭用事，順君之過以安其私，是殘國之治也。今王誠發士卒佐之以徼其志〔集解〕〔索隱〕王劭按家語、越絕書並無此，家語五……結竟反，重寶以說其心，卑辭以尊其禮，其伐齊必也。彼戰不勝，王之福矣。戰勝必以兵臨晉，臣請北見晉君，令共攻之，弱吳必矣。其銳兵盡於齊，重甲困於晉，而王制其敝，此滅吳必矣。」越王大說，許諾。送子貢金百鎰，劍一，良矛二。子貢不受，遂行。報吳王曰：「臣敬以大王之言告越王，越王大恐，曰：『孤不幸少失先人，內不自量，抵罪於吳，軍敗身辱，棲於會稽，國爲虛莽〔索隱〕案盧音墟，莽音莫朗反，有本作棘，恐誤也，賴大王之賜，使得奉俎豆而修祭祀，死不敢忘，何謀之敢慮！』」後五日，越使大夫種頓首言於吳王曰：「東海役臣孤句踐使者臣種，敢修下吏問於左右。今竊聞大王將興大義，誅彊救弱，困暴齊而撫周室，請悉起境內士卒三千人，孤請自被堅執銳以先受矢石。因越賤臣種奉先人藏器，甲二十領，鈇屈盧之矛〔索隱〕鈇音跌，一本無此跌字。屈盧，名氏也。劉氏云……矛名，步光

珍做宋版印

二十餘婦風盡之女長床本音無媧婬煙逆其死此光
婬婬拌掩踰比未受夫咎因媚音先姑音踰其及此
吾輪吳以珠瑩比鑾其母豆歷本夫
北鑾夷女固大夫入藏器甲
結氏戟干貢女女藏首

姑邅不襯王女語矣邅父以吳觸晉召
非今共文女籐吳必丈盖父以吳重句
王嘯其緒北邅吳父其蓋父以吳重甲
西王嘯其緒北邅吳父其蓋父以
百鑾喩一豆長二子貢不受夫王大詒

大王之言吾吳車姑卓夫大王之籐召
不自量亦罪於吳
陶本音謙此本音歷美隔豆
於不東志河藉不夫女王曰東志
蘓邅言吳王曰吳女王大夫
刻于吏聞夵王東志十八
困暴奄足無風室諸參夵

　　越絕卷第六

　越絕内傳陳成恒第九

重賣以諸其少車輯以算其豐其死查必步
大台令王始委士卒封之以遂其死志
結妹搊毛大宰嚭用事唔吾身安志其休县縣
志志百封土大馬肉變比雜王哀本音歷正
百封土大馬肉變比雜王哀首再拜曰汝不採
吳王孫入益暴車豆不封困宋矣
對於與吳趨輯侯比顯聞不本貢于
氏名與吳困故會暴人比夵本貢于
宋於三音萃車之大悲比首再拜曰比巫嘗不採
家世百城北越之意夵义少事未發其探比聞
大世此踈入少夫無辟入少志志于入録
夢氏哭此此貢女夵汝日苦姑夵於
吾輪吳以珠瑩夵其名夵長女比女日苦令夵日
北鑾夷女固大夫入藏其匝匝女不貢曰夵吉
結戟干貢女女藏首牧夵良軍至令舍比聞日

之劍以賀軍吏吳王大說以告子貢曰越王欲身從
寡人伐齊可乎子貢曰不可夫空人之國悉人之衆
又從其君不義君受其幣許其師而辭其君吳王許
諾乃謝越王於是越王乃遂發九郡兵伐齊子貢因
去之晉謂晉君曰臣聞之慮不先定不可以應卒[索隱]卒謂急卒也言非常計慮之事先
兵不先辨不可以勝敵
今夫齊與吳將戰彼戰而不勝越亂之必矣與齊戰
而勝必以其兵臨晉晉君大恐曰為之奈何子貢曰
脩兵休卒以待之晉君許諾
與齊人戰於艾陵[索隱]公十一年左傳大破齊師獲七將軍[索隱]
之兵而不歸果以兵臨晉與晉人相遇黃池之上[左傳]三年左傳黃池之會在哀公十三年越入吳在哀公二十二年蓋隔數年
師越王聞之涉江襲吳去城七里而軍吳王聞之去

珍倣宋版印

晉而歸與越戰於五湖三戰不勝城門不守越遂圍
王宮殺夫差而戮其相[索隱]十二年左傳則事並懸隔數年
此欲終說其事故其文辭相連也
破吳三年東向而霸故子貢一出
存魯亂齊破吳彊晉而霸越子貢一使使勢相破十[索隱]按左傳謂魯亂齊破吳也
年之中五國各有變[索隱]...
彊越晉而霸[索隱]越子貢好廢舉與時轉貨貲[索隱]停貯也
時也夫物賤則買貴則賣
貨也而轉賣
揚人之美不能匿人之過常相魯衛家累千金卒終
于齊
言偃吳人[索隱]家語云魯人按偃仕魯蓋吳郡人為武城宰字
子游少孔子四十五歲子游既已受業為武城宰[義]
括地志云武城縣魯武邑城在兗州卸南城縣子游為宰者也輿地志云在泰山郡武城　孔子過

晉干寶搜神記卷十六

干寶

談生者年四十無婦常感激讀詩經夜半有女子
可年十五六姿顏服飾天下無雙來就生為夫婦

曰我與人不同勿以火照我也三年之後方可照

之為夫妻生一兒已二歲不能忍夜伺其寢後盜
照視之其腰已上生肉如人腰下但有枯骨婦覺

遂言曰君負我我垂生矣何不能忍一歲而竟相

照也生辭謝涕泣不可復止云與君雖大義永離

然顧念我兒若貧不能自給一時隨我去方遂以

珠袍與之裂取生衣裾留之而去後生持袍詣市

睢陽王家賣之得錢千萬王識之曰是我女袍何

由得之乃取拷之生具以實對王猶不信乃視女

冢冢完如故發視之果棺蓋下得衣裾

呼其兒正類王女王乃信之即召談生復賜遺衣

名為女壻表其兒以為侍中

史記卷六十七

聞絃歌之聲孔子莞爾而笑

用牛刀〔集解何晏曰割雞焉用牛刀治外何須用大道〕曰割雞焉

曰君子學道則愛人小人學道則易使〔集解孔安國曰道謂禮樂〕

入也和樂則以易使人〔集解孔安國曰從行者〕

孔子曰二三子〔集解孔安國曰戲以治小而用大〕

也前言戲之耳

於文學

卜商字子夏〔集解鄭玄曰衛人 索隱案家語云衛人鄭玄曰溫國卜商溫縣人今河內溫縣故屬衛故曰衛人〕

少孔子四十四歲子夏問巧笑倩兮美目盼兮素以〔集解馬融曰倩笑貌盼動目貌 鄭玄曰盼白黑分〕

為絢兮何謂也〔集解此上馬融二句在衛風碩人之二章其文〕

子曰繪事後素〔集解鄭眾曰繪畫文也凡繪畫先布眾色然後以素分布其間以成其文〕

倩兮美目盼兮〔逸詩也下一句逸詩也〕

曰禮後乎〔集解孔安國曰繪事後素言禮亦須文成〕

孔子曰商始可與言詩已矣

子貢問師與商孰賢子曰師也過〔集解包氏曰言俱不得中〕

商也不及〔集解孔安國曰言俱不得中〕

然則師愈與曰過猶不及〔集解孔安國曰愈猶勝也君子儒將以明道小人為儒則矜其名〕

子謂子夏曰汝為君子儒無為小人儒〔索隱河東郡在河西自汾至龍門西河之地也〕

孔子既沒子夏居西河教授〔正義龍門西河郡云汾州也今汾州西河郡〕

為魏文侯師〔集解徐廣曰孔子以春秋論空言記論春秋著此詩此史傳並易不論孔子以記論春秋〕

水經竭老地西十河許山一山名崖壁隱有國卜此隨商記

室西冀河州漢禮云泉其云居頂西河東郡河

室之學西堂界蓋近也名在盡隱

以明道其小也近也近居蓋界

死哭之失明

顓孫師陳人字子張〔索隱鄭玄曰陳國陽城人也陽城屬陳郡〕

四十八歲子張問干祿〔集解鄭玄曰祿位也干求也〕孔子曰少孔子

闕疑慎言其餘則寡尤〔集解包氏曰疑者闕之其餘不疑者猶慎言之則少過〕

十

珍倣宋版印

過多見闕殆愼行其餘則寡悔所[集解]
則少言寡尤行寡悔祿在其中矣[集解]包氏曰殆危也疑者闕而不行也
道祿之他日從在陳蔡間困問行[集解]
敬雖蠻貊之國行也言不忠信行不篤敬雖州里行乎哉[集解]鄭玄曰雖得行乎
乎哉[集解]鄭玄曰二千五百家爲州里行[集解]鄭玄曰得行乎州里行不篤敬雖州里行乎哉
參於前也在輿則見其倚於衡夫然後行子張書諸紳[集解]孔安國曰紳大
謂達者子張對曰在國必聞在家必聞[集解]孔安國曰紳大帶
子張問士何如斯可謂之達矣孔子曰何哉爾所
也帶言子張意在於當時之名譽
然則言思忠信行篤敬立則見其
下念慮以下人[集解]馬融曰常想見參於前
察言而觀色慮以下人在國及家必達[集解]馬融曰謙退
名皆有聞[集解]孔子曰是聞也非達也夫達者質直而好義
者色取仁而行違居之不疑[集解]馬融曰此假仁者之色行之而不疑

曾參南武城人[索隱]南武城也[正義]括地志云南武定襄
之則違安居其篤而不自疑
四十六歲孔子以爲能通孝道故授之業作孝經死字子輿少孔子
武城州清於游河有爲武城宰者故地理志云志南武定襄
也不過鍾沒之後猶尚欣欣而喜越者非以尊爲
者三非尺爲猴戴也不見猶不然泣得
於魯
澹臺滅明[集解]延津包氏曰澹臺滅明姓滅明名也[正義]括地志
黃河水至兩此蛟蛟去死亦乃無投璧意[索隱]河三投璧不可以
克志州在字子羽少孔子三十九歲狀貌甚惡欲事孔
子孔子以爲材薄既已受業而退脩行不由徑非
公事不見卿大夫言[集解]公且方曰南游至江[索隱]今吳有

【正義】澹臺湖即其遺迹所在也。

……名施乎諸侯。孔子聞之，曰：「吾以言取人，失之宰予；以貌取人，失之子羽。」

宓不齊字子賤。【集解】孔安國曰：魯人。【正義】兗州永安郡舊單父城在宋州單父縣地也。顏氏家訓云宓音伏，伏羲古碑世所立書宓字乃虙，通字誤，乃為密。漢書古今人表宓子賤，必為宓也。少孔子四十九歲。【索隱】家語云三十歲。此言四十九，與家語不同，未知孰是。孔子謂子賤：「君子哉若人！魯無君子者，斯焉取斯？」【集解】包氏曰：若人，若此人也。子賤為單父宰，反命於孔子曰：「此國有賢不齊者五人，教不齊所以治者。」孔子曰：「惜哉不齊所治者小，所治者大則庶幾矣。」

原憲字子思。【索隱】鄭玄曰不同。家語云宋人，孔子家語云子思，少孔子三十六歲。原憲問恥。孔子曰：「國有道，穀；國無道，穀，恥也。」【集解】孔安國曰：穀，祿也。邦有道當食其祿，邦無道而食其祿是君無道也。子思曰：「克伐怨欲不行焉，可以為仁乎？」【集解】馬融曰：克，好勝人也；伐，自伐其功；怨，忌也；欲，貪欲也。包氏曰：四者難行，未知其仁。孔子曰：「可以為難矣，仁則吾弗知也。」【索隱】自伐其功。

孔子卒，原憲遂亡在草澤中。子貢相衛，而結駟連騎，排藜藿入窮閻，過謝原憲。原憲攝敝衣冠見子貢。子貢恥之，曰：「夫子豈病乎？」原憲曰：「吾聞之，無財者謂之貧，學道而不能行者謂之病。若憲，貧也，非病也。」子貢慚，不懌而去，終身恥其言之過也。

公冶長，齊人，字子長。【索隱】家語云魯人，字子芝。孔子曰：「長可……」

卷六十七

十三

妻也。雖在累絏之中，〔集解〕也，絏攣也，所以拘罪人。〔索隱〕……非其罪
也。以其子妻之。〔集解〕孔安國曰，累黑索，絏攣也。〔索隱〕家語云，以其子妻之。

南宫括字子容，〔集解〕南宫縚，孔安國曰，魯人。〔正義〕按南宫縚按孔安國曰魯人是容，孟僖人子仲孫何忌仲孫氏……
問孔子曰：羿善射，奡盪舟，〔集解〕孔安國曰，羿有窮之君，奡……〔索隱〕家語作南宫韜，窮羿之國，奡安國之子，仲孫何作……
俱不得其死然，禹稷躬稼而有天下，〔集解〕……音詰，奡盪舟，大多力，盪浪……
孔子弗答。〔集解〕……
容出，孔子曰：君子哉若人！上德哉若人！〔集解〕……
國有道不廢，〔集解〕孔安國曰，言見用。〔索隱〕家語云，白珪之玷，不可爲。
國無道免。〔集解〕孔安國曰，免於刑戮。
三復白珪之玷，〔集解〕孔安國曰，詩云，白珪之玷尚可磨也，斯言之玷不可爲也。
以其兄之子妻之。〔索隱〕家語云，孔子兄……

公晳哀字季次，〔集解〕孔安國曰，齊人，公晳哀，克公家語云。〔索隱〕家語……
下無行，多爲家臣，仕於都，唯季次未嘗仕。〔索隱〕家語云，未嘗屈
節，爲人臣亦見游俠傳，特讚之亦見……

曾蒧字晳，〔集解〕曾參父。〔索隱〕蒧音點，曾參父。
侍孔子，孔子曰：言爾
志。蒧曰：春服既成，冠者五六人，童子六七人，浴乎沂，〔集解〕莫春者，徐廣曰，三月也，饋，包氏曰，成衣既成，浴乎沂，夫於沂
風乎舞雩，詠而歸。〔集解〕雩，零之者，下五歌，王子之六七，道歸入於夫於
孔子喟爾嘆曰：吾與蒧也。〔集解〕蒧之，獨知周禮……時也，善知

顏無繇字路，〔集解〕無繇音遙，顏路字由。〔索隱〕顏由字路，家語
路者，顏回父，父子嘗各異時事孔子。顏回死，顏路貧，請孔子車以
葬，〔集解〕孔作樟，以孔安國曰賣以爲之椁……
父子嘗各異時事孔子。顏回死，
孔子曰：材不材，亦各言其子也。鯉也死，有棺而無椁，吾不徒行以爲之
椁，以吾從大夫之後不可以徒行。〔集解〕……大夫之子，孔鯉也，夫魚孔子之子不以徒行
死有棺而無椁，吾不徒行以爲之椁，以吾從大夫
後不可以徒行。〔集解〕……孔安國曰從大夫言不可以徒行時爲
也謙辭

商瞿[正義]俱反其魯人字子木少孔子二十九歲孔子傳易於瞿瞿傳楚人馯臂[集解]徐廣曰馯音寒[正義]顏師古云汗駻二音子弘弘傳江東人矯子庸疵[集解]徐廣曰一作橋蓋漢書誤也及荀悅云橋[正義]姓也作橋弘傳江東人矯子庸疵時作橋書與古地志同疵傳燕人周子家豎[集解]徐廣曰魯人[正義]豎音時主反周子家豎淳于縣括地志云淳于故城在密州安丘縣東北三十里豎傳淳于人光子乘羽[正義]光東乘三字古地志云淳于縣在密州安丘縣東北羽傳齊人田子莊何[正義]田子莊何至漢田何作東武王同周傳於田子莊何何傳東武人王子中同[正義]東武縣今密州諸城縣括地志云故城在密州諸城縣同傳菑川人楊何[集解]徐廣曰楊何元光元年徵[正義]楊書云楊何至漢楊書八代元按何元朔中以治易為漢中大夫

同傳菑川人楊何何元朔中以治易為漢中大夫

高柴字子羔[集解]鄭玄曰衛人[正義]家語云齊人鄭玄云衛人少孔子三十歲子羔長不盈五尺受業孔子孔子以為愚

子路使子羔為費郈宰[正義]括地志云費郈亭在兗州龔丘縣二十三里孔子曰賊夫人之子[集解]包氏曰子路使子羔為政未習而使之學政所以賊害其身子路曰有民人焉有社稷焉何必讀書然後為學孔子曰是故惡夫佞者

（中縫）史記卷六十七

漆雕開字子開[集解]鄭玄曰魯人少孔子十一歲孔安國曰字子若孔子使開仕對曰吾斯之未能信[集解]孔安國曰仕進之道未能信孔子說

公伯僚字子周[正義]公伯僚讒愬之律有讒愬之縲周愬子路於季孫子服景伯以告[集解]孔安國曰魯大夫子服何忌也曰夫子固有惑志於公伯僚吾力猶能肆諸市朝[集解]鄭玄曰吾勢力猶能誅僚而肆之於市朝使人知之既得罪既刑陳其尸曰肆孔子曰道之將行也與命也道之將廢也與命也公伯僚其如命何

司馬耕字子牛[集解]宋人安牛多言而躁問仁於孔子孔子曰為之難言之得無訒乎牛多言而躁問仁於孔子

珍倣宋版印

孔子曰：「仁者其言也訒。」【集解】孔安國曰：訒，難也。曰：「其言也訒，斯可謂之仁乎？」子曰：「爲之難，言之得無訒乎？」【集解】孔安國曰：行仁難，言之亦不得不難也。

問君子，子曰：「君子不憂不懼。」【集解】孔安國曰：牛兄桓魋將爲亂，故孔子解之。子牛自宋來，常憂懼也。曰：「不憂不懼，斯可謂之君子乎？」子曰：「內省不疚，夫何憂何懼！」【集解】包氏曰：疚，病也。自省無罪惡，無可疚病，無可憂懼也。

樊須字子遲。【正義】家語云：齊人。鄭玄曰：魯人。與此不同。少孔子三十六歲。

樊遲請學稼，孔子曰：「吾不如老農。」請學圃，曰：「吾不如老圃。」【集解】馬融曰：樹五穀曰稼，樹菜蔬曰圃。樊遲出，孔子曰：「小人哉樊須也！上好禮則民莫敢不敬，上好義則民莫敢不服，上好信則民莫敢不用情。【集解】言民化上，各以實應也。夫如是，則四方之民襁負其子而至矣，焉用稼？」【集解】包氏曰：襁，負子器也，以繒爲之。

樊遲問仁，子曰：「愛人。」問智，子曰：「知人。」【集解】孔安國曰：務所以化之。

有若少孔子十三歲。【集解】鄭玄曰：魯人。【正義】家語云：魯人，孔子弟子。少孔子三十三歲，與此不同。

有若曰：「禮之用，和爲貴，先王之道斯爲美，小大由之。有所不行，知和而和，不以禮節之，亦不可行也。」【集解】馬融曰：人知禮貴和，而每事從之，不以禮爲節，亦不可行也。「信近於義，言可復也。恭近於禮，遠恥辱也。因不失其親，亦可宗也。」【集解】孔安國曰：義不必信，信非義也。以其言可反覆，故曰近義。恭不合禮，非禮也。以其能遠恥辱，故曰近禮。因，親也。言所親不失其親，亦可宗敬也。

孔子既沒，弟子思慕有若狀似孔子，弟子相與共立爲師，師之如夫子時也。他日，弟子進問曰：「昔夫子當行，使弟子持雨具，已而果雨。弟子問曰：『夫子何以知之？』夫子曰：『詩不云乎？月離于畢，俾滂沱矣。【集解】毛傳曰：畢，陰星也。月離陰則雨。昨暮月不宿畢乎？』他日，月宿畢，竟不雨。」

商瞿年長無子，其母爲取室。【正義】家語云：孔子使瞿母請之。瞿年四十，後當有五丈夫子，果然。

珍倣宋版印

安

修齊治國平天下

商瞿使……（集解）……無子于……命他何以以故知也短……命以以知以應短……

年四十後當有五丈夫子

孔子使之齊，瞿母請之。孔子曰：無憂。瞿年四十後，當有五丈夫子。已而果然。敢問何以知此？

夫子何以知此非子之座也

之，此非子之座也

公西赤字子華　（集解　鄭玄曰，魯人。）少孔子四十二歲　子華使於齊，冉有為其母請粟。孔子曰：與之釜。請益。曰：與之庾。（集解　包氏曰，六斗四升曰庾。馬融曰，十六斗曰庾。）冉子與之粟五秉。（集解　馬融曰，十六斛曰秉。五秉合八十斛。）孔子曰：赤之適齊也，乘肥馬，衣輕裘。

裘吾聞君子周急不繼富（集解　鄭玄曰，冉有與之太多。）

巫馬施字子旗　（集解　鄭玄曰，魯人。正義　音其。）少孔子三十歲　陳司敗（集解　敗，官名也。孔安國曰，陳大夫也。）問孔子曰：魯昭公知禮乎？孔子曰：知禮。退而揖巫馬旗曰：吾聞君子不黨，君子亦黨乎？魯君娶吳女為夫人，命之為孟子。（集解　孔安國曰，相助匿非曰黨。魯娶於吳，謂之吳孟子。）孟子姓姬，諱稱同姓，故謂之孟子。魯君而知禮，孰不知禮？施以告孔子。孔子曰：丘也幸，苟有過，人必知之。臣不可言君親之惡，為諱者，禮也。（集解　孔安國曰，聖人之道弘，故受以為過。）

梁鱣字叔魚　（集解　家語曰，齊人。一作鯉。）少孔子二十九歲

顏幸字子柳　（集解　家語曰，魯人。一作柳。）少孔子四十六歲

冉孺字子魯　（集解　鄭玄曰，魯人。一作孺。）少孔子五十歲

曹卹字子循　（正義　家語云皙。）少孔子五十歲

伯虔字子析　（正義　家語云楚人。）少孔子五十歲

公孫龍字子石　（集解　鄭玄曰，衛人。家語云楚人。）少孔子五十三歲

公孫龍字子石，少孔子五十三歲。

曹卹字子循，少孔子五十歲。

伯虔字子析，少孔子五十歲。

冉季字子產。

公祖句茲字子之。

秦祖字子南。

漆雕哆字子斂。

顏高字子驕。

漆雕徒父。

壤駟赤字子徒。

商澤。

石作蜀字子明。

任不齊字選。

公良孺字子正。

后處字子里。

秦冉字開。

公夏首字乘。

奚容箴字子皙。

公肩定字子中。

顏祖字襄。

鄡單字子家。

句井疆。

罕父黑字子索。

秦商字子丕。

申黨字周。

顏之僕字叔。

榮旂字子祈。

縣成字子祺。

左人郢字行。

燕伋字思。

鄭國字子徒。

秦非字子之。

施之常字子恒。

顏噲字子聲。

步叔乘字子車。

原亢籍。

樂欬字子聲。

廉絜字庸。

叔仲會字子期，少孔子五十歲。

顏何字冉。

狄黑字皙。

邦巽字子斂。

孔忠。

公西輿如字子上。

公西葴字子上。

太史公曰：學者多稱七十子之徒，譽者或過其實，毀者或損其真，鈞之未睹厥容貌，則論言弟子籍，出孔氏古文近是。余以弟子名姓文字悉取論語弟子問并次為篇，疑者闕焉。

孟子趙人之談也莊子
云堅白之談人也

自子石已右三十五人頗有年名

及受業聞見于書傳其四十有二人無年及不見書

傳者紀于左

俱圖是所後記人又以有所林見放蓋益
記本琴有史陳亢自縣公此秦別
圖書記牢然宣伯當蓁顏語
後人又見陳亢自此當蓁叔仲會有
玉殆申棖今考堂
互家有語也不如文而別
三冉人鄡單之鄡單數皆人互

冉季字子產　[家語云鄭冉季字魯子人]　句

公祖句茲字子之　[正義云鄭冉季字魯子人]　句

秦祖字子南　[集解鄭玄日秦人]

漆雕哆字子斂　[集解鄭玄日案哆音尺者反魯人赤者]

顏高字子驕　[正義次孔乘于過市顏高子為御在衛顏南高子為御夫]

漆雕徒父

壤駟赤字子徒　[集解駟案家于季徒曰字秦人鄭玄]

商澤　[集解語日字子季]

石作蜀字子明

任不齊字子選　[集解楚人鄭玄日人]

公良孺字子正　[集解鄭玄日周游以家車五乘從孔子勇而有]

后處字子里

秦冉字字開　[十七人其語公云無此人家王商顏亥仲叔會四人]

公夏首字子乘　[家語記不有事迹而別有史琴記陳亢宣伯縣蓁冉鄡單三人]

奚容蒧字子晳　[集解日人鄭玄]

公堅定字子中　[或日鄭玄晉人人日魯]

顏祖字子襄　[正義]

鄡單字子家　[集解鄡單案苦堯日有鄡縣太原有鄡縣一云鄭玄日鉅鹿鄡單音善徐廣日]

句井疆　[集解正義句作鉤鄭玄日衛人]

公望安字平襄

奚容蒧字平皙

公夏首字平乘

秦申字平開

言偃字平里

公夏霏字平玉

申不害字平裴

石作蜀字平民

商瞿字平子

袁瓦表字平封

顏高字平驕

秦臣字平南

公臣字平故字平久

申孛字平秦

襄隱字平驩

向□□

溼單字平宋

庭臣字平寵

受業聞思千書

軒苴琦千壬

罕父黑字子索 集解騶案黑字家語索

秦商字子丕 集解家語云魯人字丕茲 正義

申黨字周 正義魯人

顏之僕字叔 集解曰魯人鄭玄

榮旂字子祺 集解曰魯人鄭玄

縣成字子祺 集解正義魯人字祺音玄

左人郢字行 集解曰魯人鄭玄

燕伋字思

鄭國字子徒 正義家語云薛邦字徒史記作國者避高祖諱薛字輿鄭字誤耳

秦非字子之 集解魯人鄭玄

施之常字子恒 集解曰魯人鄭玄

顏噲字子聲 集解魯人鄭玄

步叔乘字子車 集解曰齊人鄭玄

原亢籍 集解騶案家語亢作宂案家語曰名宂字 正義亢作宂仁勇反

樂欬字子聲 集解正義家語曰魯人鄭玄

廉絜字庸 集解曰衞人鄭玄

叔仲會字子期 集解鄭玄曰魯人 索隱家語魯人少孔子五十四歲與孔璇年相比二孺

顏何字冉 集解索隱家語字稱 鄭玄曰魯人

狄黑字皙 集解索隱本載各家異語

邽巽字斂 集解鄭玄斂文翁圖作國選蓋亦避漢諱改之劉子

孔忠 集解題案家語云孔子兄伯蔑之子 索隱家語孔子兄子蔑亦同此語

圭氏所作見邽巽音各異

公西輿如字子上 集解鄭玄曰魯人鄭 家語作子尚也

公西蒧字子上 隱家語鄭玄曰魯人

太史公曰學者多稱七十子之徒譽者或過其實毀

太史公曰學者多稱七十子之徒譽者或過其實毀者或損其真〔索隱〕……

公西葴字子上 〔索隱〕……魯人

公西輿如字子上 〔索隱〕……魯人

孔忠 〔索隱〕……

邽巽字子斂 〔索隱〕……魯人

狄黑字皙 〔索隱〕……

顏何字冉 〔索隱〕……魯人

叔仲會字子期 〔索隱〕……魯人

廉絜字庸 〔索隱〕……

樂欬字子聲 〔索隱〕……魯人

原亢籍 〔索隱〕……

步叔乘字子車 〔索隱〕……魯人

顏噲字子聲 〔索隱〕……魯人

施之常字子恆 〔索隱〕……魯人

秦非字子之 〔索隱〕……魯人

鄭國字子徒 〔索隱〕……

燕伋字思 〔索隱〕……

左人郢字行 〔索隱〕……魯人

縣成字子祺 〔索隱〕……

榮旂字子祈 〔索隱〕……

顏之僕字叔 〔索隱〕……魯人

申黨字周 〔索隱〕……魯人

秦商字子丕 〔索隱〕……

罕父黑字子索 〔索隱〕……

者或損其真鈞之未觀厥容貌則論言弟子籍出孔
氏古文近是余以弟子名姓文字悉取論語弟子問
并次為篇疑者闕焉

索隱述贊曰教興闕里道在阪鄉異能就列秀士
升堂依仁遊藝合志同方將師宮尹俎豆琳瑯惜
哉素王霸空
臣素不

史記卷六十七

珍倣宋版邨

史記卷八十七

夫大聖蓋祿音闕錄

凡古文近是餘乂保乎各其文字未必東諭諸錄乎間

昔妅賢其真隱尐未睹其容龍俱論言餘乎籬出乎

仲尼弟子列傳宰我爲臨菑大夫與田常作亂以夷

其族孔子恥之○容齋續筆曰史記爾宰我爲齊

臨菑大夫與田常作亂以夷其族孔子恥之蘇子

由作古史精爲辯之以爲難孔子恥之故戰國之書

誤以齊政爲常所殺以爲者闕止也與田常

爭齊爲常所殺以其字亦爲子我故齊國殺宰予趙庭

東坡又引李斯諫書田常陰取齊國高弟子我之謗

是其不從田常故孟子所殺宰予於趙庭

孔子曰由也死於也天祝予哭之中庭使人入覆

臨其悲之如是夫子路孟子之死

載三子論聖人賢語於竟堯舜等語疑是夫子沒後所

談不然而各出意見議之無復質夫子有

然則宰我將而趨於田常更出意見議之無復質夫子有

一說云田常與宰我爭相攝威擅勢私門成而淮南于故

使陳成成子常鴟夷于皮得成其難使呂氏絕祀于

皮謂范蠡也蠡浮海變姓名游齊時簡公之難已

十餘年矣說苑亦云田常與宰我爭攻之

鴟夷于皮告田常遂殘宰我此說尤爲無稽是以

蠡爲助田氏爲齊禍稿其名不分賢逆如此

孔子既沒子夏居西河教授爲魏文侯師○容齋續

筆曰按史記所書子夏於夏教授爲魏文侯師

時于夏年二十八矣是時周敬王四十一年後一

年而元王立歷貞定王考王至威烈王二十三年魏

始爲侯又孔子卒時七十五年文侯爲大夫二十

二年而卒姑以始侯之歲計之則

于夏已百二十三歲矣方爲諸侯師豈其然乎

孔子以爲能通孝道正義堂高九仞樓提三尺躬轂

百乘○躬韓詩外傳作轉

司馬耕○家語耕字子牛

樊須字子遲少孔子三十六歲○家語作四十六歲

梁鱣字叔魚少孔子二十九歲○家語作三十九歲

伯虔○家語作處

公孫龍字子石少孔子五十三歲○顧炎武曰按漢

二

書注公孫龍趙人爲堅白異同之說者與平原君同時去夫子近二百年殆非也且云少孔子五十三歲則當田常伐魯之年僅十三四歲爾而曰子張子石請行豈甘羅外黄舍人兒之比乎

漆雕徒父○家語名從

公堅定○堅家語作肩

縣旂字子祺○家語旂作祈祺作顏

步叔乘○朱彝尊云應劭風俗通云凡氏于字伯仲叔季是也氏有太叔仲叔則有少叔無足異者子車之姓家語史記諸書皆作步而廣韻注云孔子弟子有少叔乘係複姓

原亢籍○亢家語作伉或作桃

樂欬○欬家語作欣

叔仲會字子期索隱家語魯人少孔子五十四歲○朱彝尊云魯峻石壁畫像云少孔子五十歲

史記卷六十七考證

漢　太　史　令　司馬遷　撰

宋中郎外兵曹參軍裴駰　集解

唐國子博士弘文館學士司馬貞　索隱

唐諸王侍讀率府長史張守節　正義

商君列傳第八

商君者【正義】商故號商君封之於商故號商君衞之諸庶孽公子也名鞅姓公孫氏【索隱】衞之諸庶孽公子也名鞅姓公孫氏其祖本姬姓也鞅少好刑名之學事魏相公叔座【索隱】座音在戈反為中庶子【索隱】周禮置官禮記於諸侯之庶子掌公族之戒令公叔座知其賢未及進會座病魏惠王親往問病【索隱】後徙大梁魏侯而稱梁叔病有如不可諱將奈社稷何公叔曰座之中庶子公孫鞅【索隱】官名也魏之庶子名鞅曰公年雖少有奇才願王舉國而聽之王嘿然【正義】音背悖公叔既死公孫鞅聞秦孝公下令國中求賢者將修繆公之業東復侵地迺遂西入秦因孝公寵臣【索隱】姓景楚之族也景監監音甲衫去聲並通景監以求見孝公【索隱】音甲衫去聲孝公既見衞鞅語事良久孝公時時睡弗聽罷而孝公怒景監曰子之客妄人耳安足用邪景監以讓衞鞅衞鞅曰吾說公以帝道其志不開悟矣後五日復求見鞅

央言卷六十八

鞅復見孝公，公益愈，然而未中旨。罷而孝公復讓景監，景監亦讓鞅。鞅曰：「吾說公以王道而未入也，請復見鞅。」鞅復見孝公，孝公善之而未用也。罷而去。孝公謂景監曰：「汝客善，可與語矣。」鞅曰：「吾說公以霸道，其意欲用之矣。誠復見我，我知之矣。」衛鞅復見孝公。公與語，不自知厀之前於席也。語數日不厭。景監曰：「子何以中吾君？吾君之驩甚也。」鞅曰：「吾說君以帝王之道比三代〔正義　孝公以比三代必寐反。說者以五帝三王之道，方與孝公言之，比至久遠〕，而君曰：『久遠，吾不能待。且賢君者，各及其身顯名天下，安能邑邑〔索隱　音悒〕待數十百年以成帝王乎？』故吾以彊國之術說〔索隱　音稅〕君，君大說〔索隱　音悅〕之耳。然亦難以比德於殷周矣。」

孝公既用衛鞅，鞅欲變法，恐天下議己。

衛鞅曰：「疑行無名，疑事無功。且夫有高人之行者，固見非於世〔索隱　商君負有獨知之……〕；有獨知之慮者，必見敖於民〔索隱　敖音五到反〕。愚者闇於成事，知者見於未萌〔索隱〕。民不可與慮始而可與樂成。論至德者不和於俗，成大功者不謀於眾。是以聖人苟可以彊國，不法其故；苟可以利民，不循其禮。」

孝公曰：「善。」

甘龍〔索隱　甘姓也，龍名也。甘盤之後。出春秋時甘昭公王子帶是也〕曰：「不然。聖人不易民而教，知者不變法而治。因民而教，不勞而成功；緣法而治者，吏習而民安之。」

衛鞅曰：「龍之所言，世俗之言也。常人安於故俗，學者溺於所聞。以此兩者居官守法可也，非所與論於法之外也。三代不同禮而王，五伯不同法而霸。智者作法，愚者制焉〔索隱　言賢智之人作法而愚不肖者拘焉〕；賢者更禮，不肖者拘焉。」

杜摯曰：「利不百，不變法；功不十，不……

二

不易器法古無過循禮無邪循軼曰治世不一道便

國不法古故湯武不循古而王書作脩古君不易多

禮而士[索隱]指殷紂作僑古君不易反古者不可非而循禮者不足多

孝公曰善以衞鞅為左庶長卒定變法之令令民為

什伍[索隱]連坐也[集義]劉氏云五家為保十保相連而相牧司連坐

[索隱]收司謂相糾發也一家有罪九家連舉發若不糾舉則什家相連坐也恐一家有罪而九家連坐故設重禁

不告奸者腰斬告奸者與斬敵首同賞匿奸者與降敵同罰

[索隱]商君之法告奸者與斬敵首同賞言一姦得告則同斬首之賞也匿姦者與降敵同罰言姦人同於降敵

民有二男以上不分異者倍其賦[索隱]按律人出一男以上不分異者一男出兩課活也謂使課役

有軍功者各以率受上爵為私鬥者各以輕重被刑大小

僇力本業耕織致粟帛多者復其身[索隱]言人勤本業耕織之人而致粟帛多者則免其身謂不事末利及怠而貧者

事末利及怠而貧者舉以為收孥[索隱]謂工商也蓋農桑為本故上云本業耕織也怠謂懈惰也周禮謂之疲民以言解怠不事事

宗室非有軍功論不得為屬籍[索隱]謂宗室若無軍功則除其屬籍謂除其宗室之籍

明尊卑爵秩等級各以差次名田宅臣妾衣服以家次

有功者顯榮無功者雖富無所芬華令既具未布恐民

之不信乃立三丈之木於國都市南門募民有能徙置

北門者予十金民怪之莫敢徙復曰能徙者予五十金

有一人徙之輒予五十金以明不欺卒下令[索隱]法令為初鞅變令也令

行於民期年秦民之國都言初令之不便者以千數[索隱]趨音七踰反向也附也

於是太子犯法[索隱]法令為初變也衞鞅曰法之不行自上犯之將法太子

太子君嗣也不可施刑刑其傅公子虔黥其師公孫

賈明日秦人皆趨令[索隱]趨音七踰反行之十年秦民大說道不拾遺山無盜賊家給人足民勇於公戰

怯於私鬭鄉邑大治秦民初言令不便者有來言令
便者衞鞅曰此皆亂化之民也盡遷之於邊城其後
民莫敢議令於是以鞅為大良造〔索隱　秦之第十六爵名
也今云造者變其名耳〕將兵圍魏安邑降之居三年作為築
冀闕宮庭於咸陽〔索隱　劉熙云冀闕即魏闕也當於此門闕記列教令也〕秦自雍徙都之而令民父子兄弟同室內息者為禁而集小
都鄉邑聚為縣置令丞凡三十一縣為田開阡陌封
疆〔索隱　音疆封界也　集解　鄭玄曰統量器名也　桶音統量器名也　斛權衡丈尺之〕而賦稅
平斗桶權衡丈尺
行之四年公子虔復犯約劓之居五年秦人富彊天子致
胙〔左故反〕於孝公諸侯畢賀其明年齊敗魏兵於馬
陵虜其太子申殺將軍龐涓其明年衞鞅說孝公曰
秦之與魏譬若人之有腹心疾非魏并秦秦即并魏
何者魏居嶺阨〔索隱　險阨之地也〕之西都安邑〔索隱　蓋安邑今蒲州之邑〕與秦界河而獨擅山東之利利
則西侵秦病則東收地今以君之賢聖國賴以盛而
魏往年大破於齊諸侯畔之可因此時伐魏魏不支
秦必東徙東徙秦據河山之固東鄉以制諸侯此帝
王之業也孝公以為然使衞鞅將而伐魏魏使公子
卬將而擊之軍既相距衞鞅遺魏將公子卬書曰吾
始與公子驩今俱為兩國將不忍相攻可與公子面
相見盟樂飲而罷兵以安秦魏公子卬以為然會
盟已飲而衞鞅伏甲士而襲虜魏公子卬因攻其軍
盡破之以歸秦魏惠王兵數破於齊秦國內空日以
削恐乃使使割河西之地獻於秦以和而魏遂去安
邑徙都大梁〔索隱　紀年梁西鄒則徙梁大惠王在惠王之二十九年秦衞鞅二十九〕

（此頁為《史記》秦本紀，木刻本，字跡漫漶，多處不能辨識。以下為可辨識之大字正文節錄，小字注文從略。）

秦之先帝顓頊之苗裔孫曰女脩女脩織玄
鳥隕卵女脩吞之生子大業大業取少典之
子曰女華女華生大費與禹平水土已成帝
賜玄圭禹受曰非予能成亦大費為輔帝舜
曰咨爾費贊禹功其賜爾皁游爾後嗣將大
出乃妻之姚姓之玉女大費拜受佐舜調馴
鳥獸鳥獸多馴服是為柏翳舜賜姓嬴氏大
費生子二人一曰大廉實鳥俗氏二曰若木
實費氏其玄孫曰費昌子孫或在中國或在
夷狄費昌當夏桀之時去夏歸商為湯御以
敗桀於鳴條大廉玄孫曰孟戲中衍鳥身人
言帝太戊聞而卜之使御吉遂致使御而妻
之自太戊以下中衍之後遂世有功以佐殷
國故嬴姓多顯遂為諸侯其玄孫曰中潏在
西戎保西垂生蜚廉蜚廉生惡來惡來有力
蜚廉善走父子俱以材力事殷紂周武王之
伐紂并殺惡來是時蜚廉為紂石北方還無
所報為壇霍太山而報得石棺銘曰帝令處
父不與殷亂賜爾石棺以華氏死遂葬於霍
太山蜚廉復有子曰季勝季勝生孟增孟增
幸於周成王是為宅皋狼皋狼生衡父衡父
生造父造父以善御幸於周繆王得驥溫驪
驊騮騄耳之駟西巡狩樂而忘歸徐偃王作
亂造父為繆王御長驅歸周一日千里以救
亂惡來革者蜚廉子也蚤死有子曰女防女
防生旁皋旁皋生太幾太幾生大駱大駱生
非子以造父之寵皆蒙趙城姓趙氏

（下文漫漶不清，從略）

衛鞅既破魏還，秦封之於商十五邑，號為商君。〔索隱〕服虔曰。徐廣云：秦封衛鞅於商縣，在惠王三十年。〔正義〕括地志云：商州東八十九里商洛縣，本商縣邑，周之古國也，亦同弘農。又在鄧州內鄉縣東七里，古於邑，即此於商十五邑也。

商君相秦十年，〔索隱〕此法直云十八相秦耳，蓋連其年而作。戰國之策云行商君法者。宗室貴戚多怨望者。趙良見商君。商君曰：「鞅之得見也，從孟蘭皋。〔索隱〕孟蘭皋，人姓名也。鞅前因孟蘭皋得與趙良相見也。今鞅請得交，可乎？」

趙良曰：「僕弗敢願也。孔丘有言曰：『推賢而戴者進，聚不肖而王者退。』僕不肖，故不敢受命。僕聞之曰：『非其位而居之曰貪位，非其名而有之曰貪名。』僕聽君之義，則恐僕貪位貪名也，故不敢聞命。」

商君曰：「子不說吾治秦與？」〔索隱〕說音悅。與音預。

趙良曰：「反聽之謂聰，內視之謂明，自勝之謂彊。〔正義〕彊，其兩反。虞舜有言曰：『自卑也尚矣。』〔索隱〕謂守謙敬，人自伏非，是乃為尊勝，此非彊之道若。〔正義〕言自勝之道，無為彊也。君不若道虞舜之道，無為問僕矣。」

商君曰：「始秦戎翟之教，父子無別，同室而居。今我更制其教，而為其男女之別，大築冀闕，營如魯衛矣。子觀我治秦也，孰與五羖大夫賢？」

趙良曰：「千羊之皮，不如一狐之掖；千人之諾諾，不如一士之諤諤。〔正義〕諤，五各反。武王諤諤以昌，殷紂墨墨以亡。〔正義〕以商君若紂，以殷比士也。君若不非武王乎，則僕請終日正言而無誅，可乎？」

商君曰：「語有之矣，貌言華也，至言實也，苦言藥也，甘言疾也。夫子果肯終日正言，鞅之藥也。鞅將事子，子又何辭焉！」

趙良曰：「夫五羖大夫，荊之鄙人也。〔正義〕百里奚，宛人，屬楚，故云荊。聞秦繆公之賢而願望見，行而無資，自鬻於秦客，被褐食牛。〔索隱〕粥音育，謂賣也。期年，繆公知之，舉之牛口之下，而加之百姓之

上秦國莫敢望焉。相秦六七年，而東伐鄭，三置晉國之君〔索隱：謂立晉惠公文公也〕，一救荊國之禍〔索隱：年表穆公二十八年會晉救荊救楚朝，周此云救荊楚朝未詳〕。發教封內，而巴人致貢，施德諸侯，而八戎來服。由余聞之，款關請見〔集解：韋昭曰款叩也〕。夫之相秦也，勞不坐乘，暑不張蓋，行於國中，不從車乘，不操干戈，功名藏於府庫，德行施於後世。五羖大夫死，秦國男女流涕〔正義：涕音體〕，童子不歌謠，舂者不相杵。

今君之見秦王也，因嬖人景監以為主〔集解〕〔索隱〕，非所以為名也。相秦不以百姓為事，而大築冀闕，非所以為功也。刑黥太子之師傅，殘傷民以駿刑，是積怨畜禍也。教之化民也深於命〔索隱：劉氏云命教令也，言教人畏商鞅之令甚於秦君命，謂秦君之命〕，民之效上也捷於令〔索隱：令謂上謂商君鞅之教令處〕。今君又左建外易〔索隱：在外革易，君命也，建立威權君又〕，非所以為教也。君又南面而稱寡人，日繩秦之貴公子。詩曰：相鼠有體，人而無禮；人而無禮，何不遄死。以詩觀之，非所以為壽也。公子虔杜門不出已八年矣。君又殺祝懽而黥公孫賈。詩曰：得人者興，失人者崩。此數事者，非所以得人也。君之出也，後車十數，從車載甲，多力而駢脅者為驂乘，持矛而操闟〔集解〕戟者〔集解：徐廣曰〕旁車而趨。此一物不具，君固不出。書曰：恃德者昌，恃力者士〔索隱：言孔子刪書之餘〕。君之危若朝露，尚將欲延年益壽乎？則何不歸十五都〔正義〕，灌園於鄙，勸

秦王顯巖穴之士，養老存孤，敬父兄，序有功，尊有德，可以少安，君尚將貪商於之富，寵秦國之教，畜百姓之怨，秦王一旦捐賓客而不立朝，秦國之所以收君者，豈其微哉（索隱 將收錄謂鞅者於秦勁甚不仁恩故云秦豈其微哉所以）！

亡可翹足而待。商君弗從。後五月而秦孝公卒，太子立。公子虔之徒告商君欲反，發吏捕商君，商君亡至關下，欲舍客舍。客人不知其是商君也，曰：商君之法，舍人無驗者坐之。商君喟然歎曰：嗟乎，為法之敝一至此哉！去之魏。魏人怨其欺公子卬而破魏師，弗受。商君欲之他國，魏人曰：商君，秦之賊。秦彊而賊入魏，弗歸，不可。遂內秦。商君既復入秦，走商邑（索隱 走向也音奏 徐廣曰京兆鄭有縣地理志京兆鄭），與其徒屬發邑兵北出擊鄭（集解 徐廣曰京兆鄭也 索隱 鄭黽池也），秦發兵攻商君，殺之於鄭黽池（集解 徐廣曰黽或作彭 索隱 鄭黽池屬鄭故也而黽池音盲彭或作彭按黽池鹽鐵論亦作彭 正義 京東至黽池去鄭乃鄭東走黽池至黽池而忍而商君走至黽池）。

之擒殺。秦惠王車裂商君以徇曰：莫如商鞅反者！遂滅商君之家。

太史公曰：商君，其天資刻薄人也（索隱 刻薄謂天行刻薄其人入為刻謂之入為刻薄謂之）。跡其欲干孝公以帝王術，挾持浮說，非其質矣（索隱 說音稅又音說欺浮說魏將卬是其說也 天資謂自得有）。用刑嚴刻…仁義刑罰不深悃誠也…之狙詐之術，是則浮說又非本論帝王性也。且所因由嬖臣及得用，刑公子虔，欺魏將卬，不師趙良之言，亦足發明商君之少恩矣。余嘗讀商君開塞耕戰書，與其人行事相類。（集解 新序論曰秦孝新…）卒受惡名於秦，有以也夫。

商君列傳

商君者，衛之諸庶孽公子也，名鞅，姓公孫氏，其祖本姬姓也。鞅少好刑名之學，事魏相公叔座為中庶子。公叔座知其賢，未及進。會座病，魏惠王親往問病，曰：公叔病有如不可諱，將柰社稷何？公叔曰：座之中庶子公孫鞅，年雖少，有奇才，願王舉國而聽之。王嘿然。王且去，座屏人言曰：王即不聽用鞅，必殺之，無令出境。王許諾而去。公叔座召鞅謝曰：今者王問可以為相者，我言若，王色不許我。我方先君後臣，因謂王即不用鞅，當殺之。王許我。汝可疾去矣，且見禽。鞅曰：彼王不能用君之言任臣，又安能用君之言殺臣乎？卒不去。惠王既去，而謂左右曰：公叔病甚，悲乎，欲令寡人以國聽公孫鞅也，豈不悖哉！

公叔既死，公孫鞅聞秦孝公下令國中求賢者，將修繆公之業，東復侵地，乃遂西入秦，因孝公寵臣景監以求見孝公。孝公既見衛鞅，語事良久，孝公時時睡，弗聽。罷而孝公怒景監曰：子之客妄人耳，安足用邪！景監以讓衛鞅。衛鞅曰：吾說公以帝道，其志不開悟矣。後五日，復求見鞅。鞅復見孝公，益愈，然而未中旨。罷而孝公復讓景監，景監亦讓鞅。鞅曰：吾說公以王道而未入也。請復見鞅。鞅復見孝公，孝公善之而未用也。罷而去。孝公謂景監曰：汝客善，可與語矣。鞅曰：吾說公以霸道，其意欲用之矣。誠復見我，我知之矣。衛鞅復見孝公。公與語，不自知厀之前於席也。語數日不厭。景監曰：子何以中吾君？吾君之驩甚也。鞅曰：吾說君以帝王之道比三代，而君曰：久遠，吾不能待。且賢君者，各及其身顯名天下，安能邑邑待數十百年以成帝王乎？故吾以彊國之術說君，君大說之耳。然亦難以比德於殷周矣。

君極身無彊慮盡公而不弁顧諸侯
君秦遂以二彊六世公而不并諸侯私使亦民皆內商急君之纖謀之也業夫以商

富國不外偏重戰遠伐是之以賞令以勸行而戎禁止法令必行而姦息故私雖貴不以商

寵秦國不外偏疏戰遠伐是之以賞令以勸行而戎禁止法令出而行姦息故私

勵書戎云稷農周道無如以砥礪易其止法令出而姦息故私

而也不故親孫夫鄉霸日四君若世齊有文幸商親君信

負之原也此之管仲而霸道今而商親君信之畏

歸之原魏之明孝信遇諸侯以士矯以存子士卬繼諸法

棄帯其事甘棠不得天以下諸兵衛伐晉之今而商君信

親信交也魏使明孝信兼諸侯以衛伐晉始秦得故諸諸侯侯畏

之侯君之故君也魏秦驅得天以下孝公諫以下兼管仲外保趙善樹政

薇帯其甘棠不赤灰虢弐哭道聲昔被刑管仲外奪鉄氏之邑誅三步百弐趙百餘

有君之故秦嘗得之詩也周召嘗召外管仲外深奪鉄氏怨而積論囚比七趙百餘邱山人

今伐衛其鞅樹內況刻害刀其鋸身昔管舍施趙善樹政下及後其世死思也過戶六無

渭水罰盡棄灰虢弐哭道之聲勳刑於一天地臨渭畜渭怨雛無姓而用其去

所霸王逃之莫佐之亦隱遠所夭歸然莫惠之王容殺身之死亦車非裂也可族輔而用其

之使佐載鞅施 索隱 寬平新序之劉歆之所以撰其申中之論以商信君故裴氏者

胙引趙之孝公藉音 索隱 是字也合作說作苑云誤泰為法藉耳按趙本道紀者周幾刑歸

也事

見親政必改革禮豈因循既欺魏將亦怨秦人如
何作法逆旅不賓

索隱述贊曰：衛鞅入秦，景監是因。王道不用，霸術見親。政必改革，禮豈因循。既欺魏將，亦怨秦人。如何作法，逆旅不賓。

珍傲宋版印

商君列傳於是以鞅爲大良造將兵圍魏安邑降之

○顧炎武曰此必安邑字誤其下文王使

使割河西之地獻於秦以和而魏遂去安邑徙

大梁乃是自安邑徙都之事耳安邑魏其王在

焉豈得圍而便降秦本紀昭王二十一年魏獻安

邑若已降于五十年之前何煩再獻乎

作爲築冀闕宮庭於咸陽○董份曰既云作爲又云

築何也恐有衍字

余嘗讀商君開塞耕戰書索隱按商君書開謂刑嚴

峻則政化開塞謂布恩賞則政化塞其意本於嚴

刑少恩又爲開阡陌及言斬敵首賜爵是耕戰

書也○焦竑曰司馬貞蓋未見鞅書臆爲之說耳

開塞乃其第七篇謂道塞久矣今欲開之必刑九

而賞一刑用則將過則大邪不生細過不失則告奸則

細過不失大邪不生細過不失則國治矣

一

珍傲宋版印